Helfried Weyer

Kreuzfahrt hinter den Horizont

Antarktis · Indonesien · Amazonas · Arktis

Umschau

Fotohinweis:
Alle Fotos dieses Bandes wurden mit der 6 × 6 Rolleiflex 6006 mit Objektiven von 40 mm bis 500 mm auf Ektachrome EPR 64-Film aufgenommen.

CIP-Titelaufnahme der Deutschen Bibliothek

Weyer, Helfried:
Kreuzfahrt hinter den Horizont : Antarktis, Indonesien, Amazonas, Arktis / Helfried Weyer. – Frankfurt am Main : Umschau, 1991
ISBN 3-524-67034-2

Lektorat: Imme Techentin, Neckargemünd
Typographie und Herstellung: Hans-Heinrich Ruta, Frankfurt am Main
Umschlaggestaltung: Manfred Sehring, Dreieich-Offenthal
Satz: Fotosatz Otto Gutfreund, Darmstadt
Lithografie: Reprozwölf Marius P. Spannbauer Ges.m.b.H., Wien
Druck und buchbinderische Verarbeitung: Druckhaus Neue Stalling GmbH & Co KG, Oldenburg
Printed in Germany, 1991

ISBN 3-524-67034-2

Inhalt

Danksagung

Von der Idee bis zu einem fertigen Buch ist es oft ein weiter Weg. Unser Weg war besonders lang; er führte im Flugzeug mehrfach um den Globus und dann per Schiff Tausende von Seemeilen auf den Weltmeeren. Viele hundert Kilometer haben wir in Schlauchbooten zurückgelegt. Diese Wege gingen wir nicht alleine. Viele Institutionen und Einzelpersonen halfen uns mit Rat und Tat. Ohne diese Hilfe wäre das vorliegende Buch und vor allem das Bildmaterial nicht zustande gekommen. Wir danken für Hilfe und Unterstützung Heiko Klein, Gisela Bruenig, Kapitän Heinz Aye, Kapitän Olaf Hartmann, Ulrich Demel, Harald Hofmann, David Kaplan, Matt Drennan, Larry Hobbs, Bärbel Krämer, Uwe Bunsen, Thorsten Franz, Mark Trump, Conrad Field, Wolfgang Fischer, Eckart Pott, Mike Messick, Tony Berg, Charley Wheatley, Dieter Werner, Heino Larson, Ernst Jurgeit, Christoph Mathis, Sabino Reyes, Horst Kitzki, Friedrich Unterberg, »Ikarus Tours«, »Aerolineas Argentinas«, »Garuda Indonesia«, »AG Prana«, »Arctic Adventure«, Peter Morell Hansen und Omar Benediktsson. Wir danken allen Staff- und Crewmitgliedern auf den Schiffen »Society Explorer« und »World Discoverer« sowie allen ungenannten Lektoren und meinen verständnisvollen »Fotomodellen« in aller Welt.

Was liegt hinter dem Horizont?

Im neunzehnten Jahrhundert erschien dem Abendland die Suche nach der Nordwestpassage weit wichtiger als die Entdeckung von Nord- und Südpol oder gar die Ersteigung der höchsten Himalaya-Gipfel. Mit der Nordwestpassage suchten die Handel treibenden Nationen Europas, allen voran Großbritannien, einen kürzeren, Zeit und Kosten sparenden Seeweg nach China und Ostindien zwischen Nordamerika und der polaren Eiskappe; also eine Verbindung zwischen Atlantischem und Pazifischem Ozean. Jahre bevor Commander Robert McClure diese Passage fand (1850–53) und Roald Amundsen sie erstmals in ihrer gesamten Länge durchfuhr (1903–06), brach der britische Forscher und Polarexperte Sir John Franklin im Mai 1845 mit den beiden Segelschiffen »Erebus« und »Terror« zur größten Nordwestpassagen-Expedition auf. Die beiden – für damalige Verhältnisse außerordentlich gut und modern ausgerüsteten – Schiffe wurden nordwestlich von King William Island von meterdickem Packeis zerdrückt wie Nußschalen; alle 129 Offiziere und Mannschaftsmitglieder einschließlich des Expeditionsleiters Franklin starben, ohne der Außenwelt eine einzige Nachricht von ihrem jahrelangen Drama in Eis, Kälte und Sturm übermitteln zu können. Die umfangreichste Rettungsaktion in der Geschichte setzte ein: Engländer und Amerikaner, unterstützt von der britischen Hudson's Bay Company im heutigen Churchill und von der lange Zeit noch optimistischen Lady Franklin suchten jahrelang verzweifelt, aber schließlich doch vergeblich nach den beiden Expeditionsschiffen. Die mehr als spärlichen Ergebnisse und Erkenntnisse der Unternehmung waren höchst enttäuschend, und so stellte das »Black Wood's Edinburgh Magazine« im November 1855 resigniert fest: »Nein, es sind keine weiteren sonnigen Kontinente – keine Inseln der Glückseligen – hinter dem fernen Horizont verborgen, die die Träumer über die unbekannte See locken; nichts als jene schicksalhaften und tragischen Küsten mit ihren von ewigem Eis bedeckten Kliffs und ihrem vom Schnee bedeckten Inland, die uns nie etwas anderes eingebracht haben als die späte und traurige Entdeckung eines Übermaßes an menschlicher Größe, Geduld und Tapferkeit, die fast unsere Phantasie übersteigt.«

Aber lohnte es sich wirklich nicht, hinter den Horizont zu reisen? Lagen dort tatsächlich nur »schicksalhafte und tragische Küsten«, wie diese historische Quelle es behauptete? War der Preis so vieler menschlicher Opfer zu hoch und ungerechtfertigt?

Wieviel optimistischer klang da die Stimme eines Fridtjof Nansen:

»Tief verwurzelt in der Natur,
in jedem von uns,
lebt die Abenteuerlust.
Der große Ruf der freien Wildbahn
schwingt hinter all unseren Taten.
Er macht unser Leben
schöner, tiefer und reicher!«

Und der Entdecker des Nordpols, Robert Edwin Peary, meinte:

»Eingefrorene und blutende Wangen und Ohren sind Unannehmlichkeiten, die zu einem großen Abenteuer gehören. Schmerz und Unbequemlichkeiten sind unvermeidlich, aber im Zusammenhang mit dem Ganzen gesehen, sind sie kaum wichtig.«

Hören wir noch die Auffassung des sicher größten und extremsten Abenteurers unserer Gegenwart, Reinhold Messner:

»Meine Reisen dienten nicht der Wissenschaft. Sie führten abseits aller Wege. Mir ging es beim Unterwegssein in der Wildnis nicht um die Welt draußen, sondern um die Welt in mir drinnen. Ich war der Eroberer meiner eigenen Seele.«

Solchen Aussagen großer Entdecker und Abenteurer folgten Männer und Frauen vieler Nationen. Sie wußten von der Tragödie Franklins und suchten ihre Ziele doch weit hinter dem Horizont: Roald Amundsen und Robert Falcon Scott erreichten als erste Menschen den wirtschaftlich nicht nutzbaren Südpol, Robert E. Peary entdeckte den Nordpol über schwankenden Eisschollen, und Edmund Hillary kletterte zusammen mit dem Sherpa Tenzing Norgay auf den Mount Everest und sagte, unmittelbar nach dem sensationellen Gipfelsieg, zu seinem Landsmann George Lowe: »Nun, wir haben den Schweinehund bezwungen!«

Das alles waren und sind Ziele weit »hinter dem Horizont«, extrem weit hinter unseren sommerwarmen Blumenwiesen oder schattigen Palmenstränden und ebensoweit entfernt von allen Sicherheit und Geborgenheit bietenden menschlichen Ansiedlungen. Kein Vogel, kein Insekt, kein Säugetier, das an diesen exponierten Plätzen der Welt überleben könnte!

Auch andere Forscher und Abenteurer drangen hinter den Horizont: Sven Hedin besuchte hinter dem Himalaya uns fremde Menschen und Kulturen, sein geliebtes Tibet, und ein Charles Darwin suchte hinter dem Horizont damaliger Naturwissenschaft, Philosophie und Theologie. Alle diese Männer – und noch viele mehr – widerlegten die pessimistische Sicht des »Black Wood's Edinburgh Magazine«: »Nein, es sind keine weiteren sonnigen Kontinente – keine Inseln der Glückseligen – hinter dem fernen Horizont verborgen!«

Es sind!

Sonst wären ein Amundsen, ein Peary, ein Hedin und ein Hillary nicht immer wieder und voller Begeisterung dorthin zurückgegangen, wo die Wölfe heulen, wo der eisige Wind einem die Zähne aus dem Mund bläst, wo gefährliche Räuber auf den Fremden warten, wo meterdickes Packeis Schiffe zusammendrückt wie Papierboote. Die »Inseln der Glückseligen hinter dem fernen Horizont« gab und gibt es noch heute – und sie sind am Ende des zwanzigsten Jahrhunderts mit seinen schrecklichen Kriegen und entsetzlichen Hungerkatastrophen in der Dritten Welt, dem menschenverachtenden Terror in unserer sogenannten Zivilisation, der Unterdrükkung anders denkender Menschen und Kulturen und schließlich der gedankenlosen Umweltzerstörung und Plünderung unseres eigenen Planeten ganz besonders reizvoll und wichtig – ja überlebenswichtig – geworden:

Da leuchtet die goldene Abendsonne auf einen treibenden Eisberg, der so sauber weiß, blau, grün und türkis funkelt wie unser ganzer Planet vor der Besiedelung durch Menschen. Du siehst und erlebst die reinen Farben, atmest die frische Kühle und fühlst, daß hier – hinter dem Horizont – ein letztes Paradies liegt. Und du beginnst zu begreifen, daß du Verantwortung für dieses Stück heile Welt übernehmen mußt. Schütze, was von unserer Umwelt noch schön und wild geblieben ist! Kämpfe darum!

Und dann siehst du das wettergegerbte, braun gebrannte, lachende Gesicht des Inuit-Jägers, der mit seinen Schlittenhunden herumtollt. Er hat hier, weit hinter unserem Horizont, in den klaren Eiswüsten des Nordens nach jahrtausendelangen Wanderungen sein neues Zuhause gefunden. Wenn du ihm hier, nördlich des Polarkreises, begegnest, lernst du ihn achten – genauso wie die anderen Menschen und Völker, die ganz anders leben, sprechen und denken wie wir. Nirgends kannst du so elementare Erfahrungen sammeln wie hinter dem Horizont unserer Zivilisation!

Tief im Süden leben Millionen Pinguine an den Küsten von Südgeorgien und der Antarktis in einer weißen, noch unbefleckten Umgebung, die gewaltiger und größer ist als es unsere schönsten Dome und Kathedralen sind, größer als unsere Vorstellungskraft. Dort bist du Gott und dem Himmel näher als irgendwo anders in der Welt, das spürst du ganz instinktiv.

Jahrhundertelang blieben diese Orte nur wenigen Wissenschaftlern und Entdeckungsreisenden vorbehalten, und seltsamerweise drängt es auch heute noch die meisten Menschen – auch Kreuzfahrer – an völlig überlaufene Touristenstrände, die so schmutzig sind, daß das Baden dort verboten werden muß.

In diesem Buch möchte ich den Leser – und Betrachter, denn die schönsten Erlebnisse hinter dem Horizont sind visueller Art – zu Orten, Plätzen und Wildnissen führen, die abseits vom Lärm und Schmutz unserer Zivilisation liegen, dorthin, wo man noch richtig durchatmen kann, mit der Lunge, den Augen und dem Herzen.

Wir brauchen ganz einfach einen Raum jenseits des uns Bekannten, das Gefühl von unentdeckten Horizonten und das Geheimnis unbewohnter Landstriche. Wir alle brauchen einen Ort, wo Wölfe und Bären noch auf der Jagd sind – weil Land, das Wölfe und Bären hervorbringt, gesundes, vollkommenes Land ist. Wir brauchen dringend Orte, an denen wir noch saubere Luft atmen, in einen weiten Himmel schauen und in Ehrfurcht vor der Größe und Schönheit unserer Weltschöpfung verstummen können.

Mehr als das brauchen wir alle das Wissen, daß es immer noch Orte gibt, wo Menschen in der ausgeglichenen Wechselbeziehung zwischen den Segnungen der Technik und den Kräften der Wildnis leben und überleben können.

Im letzten Jahrzehnt des zwanzigsten Jahrhunderts können wir uns unseren Traum im Reisebüro an der Ecke erfüllen: Wir können dort eine Pauschalreise zum Südpol oder zum Nordpol inklusive zuverlässiger Reiseleitung ebenso buchen wie eine Besteigung des Mount Everest. Am 15. Juli 1990 meldete die »New York Times«, daß Passagiere auf dem sowjetischen Atomeisbrecher »Rossia« direkt zum Nordpol fahren können. An Bord gibt es einen Swimming-pool, ein Sport-Center, ein Theater und einen Schweizer Küchenchef.

Aber so extrem und unsinnig müssen unsere Reiseziele hinter den Horizont gar nicht sein; außer Süd- und Nordpol und Mount Everest gibt es noch andere, schönere Orte, an denen sich der Mensch in unberührter Natur aufhalten und frei atmen kann. Im September 1988 ließ mich die folgende SAD-Meldung aufhorchen: »Ein Kreuzfahrtschiff mit 158 Menschen an Bord ist in arktischen Gewässern vom Eis eingeschlossen«, hieß es in verschiedenen Presseberichten.

»Wir sind zwar nicht eingeschlossen, kommen aber nur sehr langsam voran«, erklärte dazu der deutsche Kapitän der »Society Explorer«, Heinz Aye aus Prien am Chiemsee, dem Springer-Auslandsdienst (SAD) über Seefunk. Er hatte einen Eisbrecher der US-Küstenwache angefordert, der der »Society Explorer« einen Weg durch das dichte Packeis zum nächsten Hafen in Tuktuaktuk (Kanada) bahnen sollte. Das Schiff der Bremer »Discoverer«-Reederei war am 19. August mit 98 Passagieren und 60 Mann Besatzung an Bord von Dutch Harbor auf den Aleuten zu seiner Nordwestpassage durch die Arktis aufgebrochen und sollte am 21. September in St. Johns (Neufundland) ankommen. »Wir haben jetzt eine Verspätung von dreieinhalb Tagen. Ungewöhnlich starke Nordwestwinde haben mehr Packeis als sonst an die Küste getrieben. Deshalb müssen wir im Zickzackkurs um das Eis herumfahren, und das dauert natürlich länger«, sagte Kapitän Aye. Er hatte bereits fünfmal Charterflugzeuge geordert, die ihm über Funk einen Weg durch das Packeis gewiesen hatten. Heute würde der US-Eisbrecher vermutlich die »Society Explorer« erreichen, die zu diesem Zeitpunkt 50 Meilen nordöstlich von Point Barrow lag, dem nördlichsten Landzipfel der USA in Alaska. »Draußen wird es gerade hell, dann werden wir weiterfahren. Unsere Durchschnittsgeschwindigkeit beträgt 2,8 Knoten, normalerweise sind es 13 Knoten. Nachts stehen wir, weil es zu gefährlich wäre, in der Dunkelheit zu fahren«, meldete Aye. »Die Stimmung an Bord ist gut, alle Passagiere sind völlig ruhig, wir sind in keiner Weise gefährdet. Aber eine Luxuskreuzfahrt mit Tanz und Swimmingpool ist das nicht!« Wie ich erfuhr, galt Kapitän Aya als erfahrener Arktiskenner. 1985 hatte er, gemeinsam mit seinem ersten Offizier, Ralf Zander aus Köln, die Nordwestpassage, für die der Arktis-Forscher und Südpoleroberer Roald Amundsen drei Jahre brauchte, zuletzt mit der »World Discoverer« durchfahren. Seit Amundsen hatten sich 95 Expeditionen an dieser Tour versucht, 36 hatten es geschafft. Die »World Discoverer« war die bisher letzte.

Dieser Bericht ließ mein Weltenbummlerherz höher schlagen. Spielte sich das alles nicht genau dort ab, wo Franklin vor etwa 150 Jahren die »Erebus« und die »Terror« aufgeben mußte und, zusammen mit den Überlebenden seiner Expedition, den langen Todesmarsch durch die polare Eiswildnis angetreten hatte?

Die »Society Explorer« operierte also weit hinter dem Horizont und konnte sich schon in den nächsten Tagen mitten in der Nordwestpassage ohne Eisbrecherhilfe aus der kalten Umklammerung befreien und fahrplanmäßig ihr Ziel erreichen. Das alles hatte nichts mehr mit den üblichen Kreuzfahrten auf sogenannten Musikdampfern zu tun. Ich begann mich für dieses Schiff zu interessieren und fand schnell heraus, daß die »Society Explorer« und ihr Schwesterschiff, die »World Discoverer« – die einzigen wirklich eistauglichen Passagierschiffe der Welt – bereits »zu Lebzeiten« zur Legende geworden sind: Kein Passagierschiff ist bisher weiter nach Norden und nach Süden vorgedrungen. Kein anderes Passagierschiff ist tiefer in den Amazonas hineingefahren und hat so viele unbekannte und von Passagieren vorher nie betretene Inseln besucht wie diese beiden ganz ungewöhnlichen Expeditionsschiffe. Sie bringen ihre Fahrgäste bis ans Ende der Welt, dorthin, wo Staunen und Begeisterung sich mischen mit Ehrfurcht vor der Schöpfung.

Ein Jahr lang bin ich, zusammen mit meiner Frau Renate, dem Kielwasser dieser beiden Schiffe tief in den Süden »hinunter« und ebenso weit nach Norden »hinauf« gefolgt: Über 5 000 km (3130 nautical miles) begleitete uns der tropische Regenwald des Orinoko und des Amazonas; das kleine, rot-weiße Schiff »dampfte« unermüdlich stromauf, bis die ersten Bergketten der Anden unsere Weiterfahrt stoppten. Und dann sind da die mehr als 13 000 Inseln Indonesiens – auf und zwischen ihnen erlebten wir unvergeßliche Wochen an Plätzen über und unter Wasser, die nie zuvor von einem Passagierschiff besucht wurden. Wir fühlten uns ein Jahr lang wie freie Zigeuner an Bord; wir wichen den »normalen« Touristenrouten und Zielen bewußt aus und lenkten dann das Ruder im europäischen Winter weit nach Süden bis hinein in das permanente Packeis der Antarktis. Als es dort »unten« Winter wurde, drehten wir nach Norden ab, bis »hinauf« in die Hudson Bay, in der uns ein Eisbär fast in das Zodiac sprang.

Zodiacs sind von dem französischen Tiefseeforscher Jacques Yves Cousteau in Frankreich erdachte und konstruierte salzwasserfeste und praktisch unsinkbare Schlauchboote, die an fast allen Küsten und Stränden der Erde anlanden können. Die Boote schwimmen

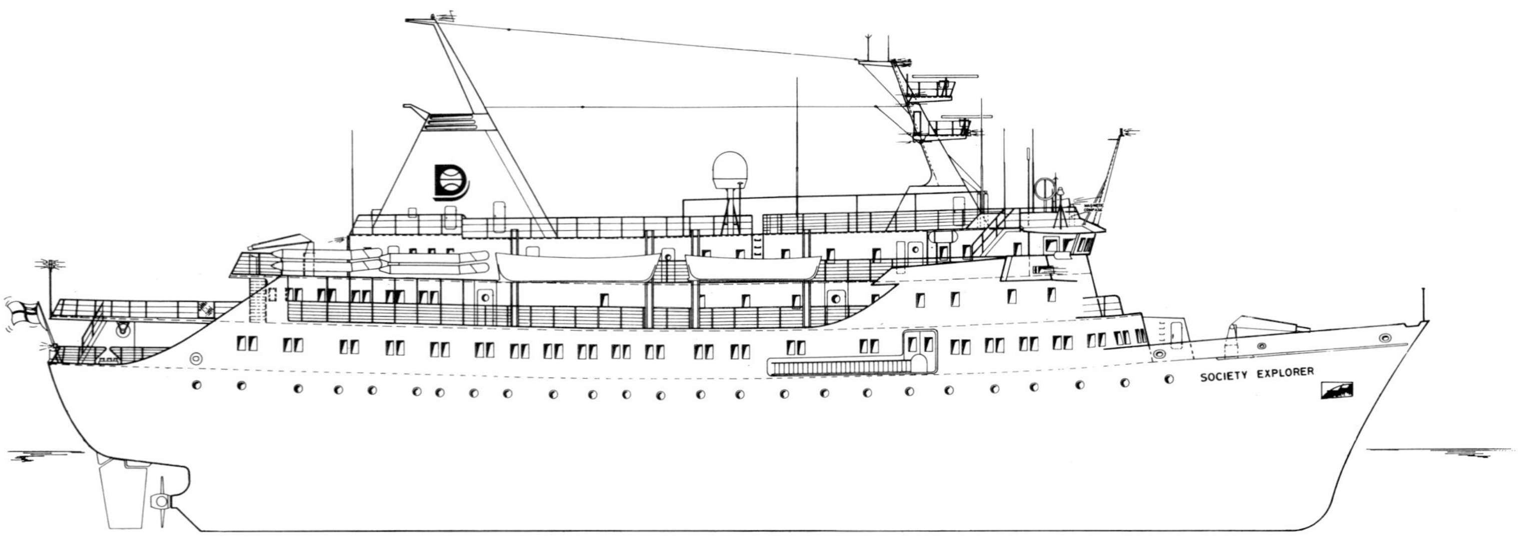

auf drei luftgefüllten Kielen, unter denen Fahrt- und Gegenwind frei durchstreichen kann, ohne das Zodiac hochzuheben und umzuwerfen. Die Konstruktion besteht aus fünf Luftkammern und den zusätzlichen drei Kielkammern. Eine solche Zodiac-Flotte mit ganz speziell ausgebildeten und weltweit erfahrenen »Schlauchbootkapitänen« gehört zu den großen Geheimnissen der beiden Expeditionsschiffe »World Discoverer« und »Society Explorer«. Kaum ist irgendwo der Anker gefallen, in einem Korallengarten in Äquatornähe oder vor einer Pinguinkolonie Südgeorgiens, dann sind in wenigen Minuten acht oder zwölf Zodiacs im Wasser. Das Scoutboot erkundet die Umgebung und sucht nach einer Landemöglichkeit. Alle Zodiacs sind über Sprechfunk untereinander und mit der Schiffsbrücke verbunden, und schon beginnt die Anlandung der Passagiere, oft bei dramatischem Wellengang, zwischen Treibeisfeldern oder an steilen Klippen.

Während ich diese Gedanken zu Papier bringe, sitze ich in der Explorer Lounge der »Society Explorer«. Am Nebentisch schreibt der französische Fotograf und Verleger Patrick de Wilde an einer Biografie über den holländischen Maler Vincent van Gogh. Wir beide haben uns hier an Bord kennengelernt und verstehen einander so gut, daß Pat stets seinen trockenen Weißwein mit mir teilt. Ich dagegen lade ihn lieber zum Rotwein ein. Sonst ist im Augenblick niemand hier; die Passagiere hören in der Lecture Hall einen wissenschaftlichen Vortrag des bekannten amerikanischen Anthropologen Dr. Moreau Maxwell über den langen Marsch der Inuit von Kanada nach Grönland. Dr. Maxwell gehört hier an Bord zum Lektorenteam; wir nennen den immer fröhlichen Wissenschaftler nur Max.

Draußen ist Nebel aufgezogen, grau und farblos ziehen die kalten Wasser der Davis-Straße an den Fenstern vorbei. Morgen schon werden wir Grönland erreichen, und in einer Woche wird unsere Reise vorbei sein. Renate und ich müssen dann nach Hause fliegen; Pat geht noch für einige Tage in die Vereinigten Staaten. So ist das hier an Bord; neue Eindrücke, neue Menschen, neue Freunde. Aber ich werde die Geschichte unserer Kreuzfahrt besser ganz von vorne beginnen, denn sie handelt von ungewöhnlichen Schiffen, von ungewöhnlichen Zielen und ungewöhnlichen Passagieren.

Eine ungewöhnliche Reisekonzeption in einer Zeit, in der uns die Medien permanent mit Katastrophenmeldungen versorgen – nicht zuletzt deshalb, um über die Langeweile einer satten Wohlstandsgesellschaft hinwegzutäuschen.

Es gibt in dieser Welt auch noch schöne Dinge, für die es sich zu leben und zu kämpfen lohnt – darüber möchte ich in diesem Buch erzählen.

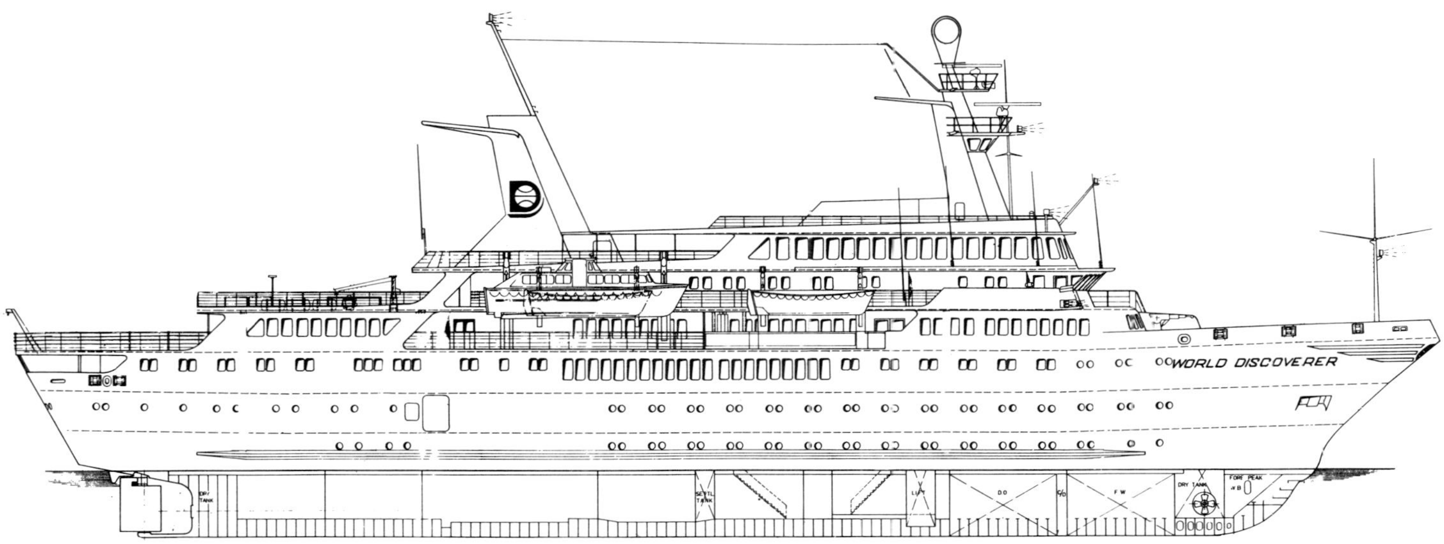

Antarktis

Tierparadies zwischen den Kontinenten

Das Flugzeug hat uns nach Argentinien gebracht. Hier wollen wir eine weite und aufregende Reise beginnen: eine Kreuzfahrt in die Antarktis. »Nur fliegen ist schöner«, sagt ein Werbeslogan. Aber das stimmt nicht. Wer viel in der Weltgeschichte herumfliegt, der kennt die Leiden der Flugpassagiere: lange Warteschlangen an den Schaltern, ständige Diskussionen über zu viele und zu schwere Gepäckstücke – das betrifft ganz besonders den Berufsfotografen –, dann die Bordkarte. Ein Blick auf die Anzeigentafel zeigt die fast schon obligatorische Verspätung. Endlich an Bord, ärgern wir uns über zu enge Sitzreihen und den unentwegt quasselnden Nachbarn. Heiß begehrt sind Fensterplätze, aber die zwingen uns bei jedem Toilettengang zum mühsamen Überklettern der anderen Fluggäste, und wenn ich hinausschauen möchte, wird das Fenster von der immer lächelnden Stewardess gerade verdunkelt, weil ein Film beginnt, den ich eigentlich gar nicht sehen will.

Bei dieser – sich immer wiederholenden – Tortur hilft nur eins: Ich vergrabe mich in ein spannendes Buch und versuche, die ungemütliche Umgebung bis zum Ziel zu vergessen. Fliegen ist heute in vielen Fällen eine Notwendigkeit geworden. Ich ertrage das alles mit Gelassenheit, denn ich kann mich auf das Ziel freuen: auf eine Kreuzfahrt mit allem erdenklichen Komfort in eine noch unberührte und faszinierende Ecke der Welt.

Endlich, mit steifen Beinen und »jet-lag-krank« gelandet, ist das Unbehagen noch nicht vorbei: Einreiseformulare müssen ausgefüllt und abgestempelt werden; es folgen wahre Kämpfe um einen Gepäckwagen und neues Warten am Band. Dann der Zoll; wieder Schlangen, Gedränge, Fragen – und endlich stehe ich in der strahlenden Sonne einer neuen Umgebung unter fremden Menschen und denke: So schlimm war das doch alles gar nicht!

Die »Aerolineas Argentinas« hat uns den langen Flug von Frankfurt nach Buenos Aires so angenehm wie möglich gemacht. Nun noch der kleine Sprung nach Montevideo; hier soll unser Abenteuer Antarktis beginnen.

Die »World Discoverer« kommt von Norden, von Rio; sie wird morgen früh an der Pier von Montevideo festmachen. Am frühen Nachmittag sind wir mit unserem Gepäck im Hafen. Da liegt sie, die berühmte »Weltentdeckerin« mit den leuchtend blauen Aufbauten: Tonnage 3153. Länge: 87 Meter. Geschwindigkeit: 12,5 Knoten. Nicht so groß wie die richtigen Luxusliner, mit denen fünfhundert oder tausend und noch mehr Passagiere auf Kreuzfahrt gehen, und auch nicht so luxuriös. Aber die Ziele sind ja auch, im Vergleich zu »normalen« Kreuzfahrtschiffen, grundverschieden; es sind die letzten Wildnisse dieser Welt.

Und für solche Ziele braucht man kleine, wendige Schiffe mit nur geringem Tiefgang, um über die Sandbänke im oberen Amazonas »rutschen« zu können und über die Korallengärten zu gleiten, ohne die Schönheiten unter der Meeresoberfläche zu gefährden oder gar zu beschädigen. Zu große Kreuzfahrtschiffe mit zu vielen Passagieren stellen eine große Gefahr für ökologisch empfindliche Expeditionsziele dar und können in kleinen Buchten und Häfen auch gar nicht sicher genug manövrieren. Wichtigstes unsichtbares Merkmal der Discoverer-Flotte ist der verstärkte Stahlrumpf und die damit verbundene Eistauglichkeit, damit die Schiffe bei Eisberührung nicht aufgeschlitzt werden wie die »Maxim Gorkij« im Sommer 1989 vor Spitzbergen.

Das größte Kreuzfahrtschiff der Welt ist die »Sovereign of the Seas« mit 74000 BRT und 268 Metern Länge. Dort gibt es gläserne Aufzüge und Marmorbrunnen. Die Taufpatin dieses Luxusgiganten war immerhin die einstige First Lady der USA, Rosalynn Carter. Das stolze Schiff hat einmal 180 Millionen Dollar gekostet und »schippert« mit 2600 Passagieren in 1138 Kabinen über die Weltmeere. Welch ein Graus!

Zu den ganz Großen gehört auch die »Song of America« mit 37000 BRT und einer Länge von 229 Metern. 500 Besatzungsmitglieder sorgen dort für 1400 Passagiere. Dagegen ist die Königin unter den deutschen Kreuzfahrtschiffen, die »MS Europa«, klein: Sie hat 33800 BRT und ist »nur« 200 Meter lang und 21 Knoten schnell. 600 Passagiere wohnen in 316 Kabinen auf 13 Decks. Von den vier Schwimmbädern ist eines nur für die 295 Mann Besatzung reserviert.

Unser Schiff ist dagegen recht bescheiden – es hat nicht einmal eine Tanzkapelle! Wichtiger als Bordluxus wie Tanzsäle, große Schwimmbäder, Sonnendecks und Unterhaltungszentren sind hier modernste Navigationstechnologie, Satelliten-Telekommunikationssysteme mit Telefax, Telefon und Telex, ein Vortragsraum mit Überblendprojektoren, Video- und Overheadprojektor, Angel- und Tauchausrüstung und schließlich eine gute Fachbibliothek für Passagiere und Wissenschaftler. Die Passagiere der »World Discoverer« suchen weniger Erholung als vielmehr das anspruchsvolle Abenteuer fernab vom Touristenrummel, in den letzten Wildnissen der Welt. Und dazu gehört eine fundierte Vorbereitung auch während der Kreuzfahrt durch Fachvorträge und das Studium entsprechender Literatur.

Und schließlich gehört zu diesen Schiffen eine Mannschaft, vom Kapitän bis hinunter zum Matrosen, die etwas von Expeditionen versteht. Da ist der Kapitän von der Wildnis ebenso begeistert wie der Expeditionsleiter, und alle miteinander können Erfahrungen in die Reise einbringen, die so eine Kreuzfahrt wirklich völlig ungewöhnlich macht.

Die Expeditionsschiffe der »Discoverer«-Reederei sind selbstverständlich mit den fortschrittlichsten Entsorgungsanlagen ausgestattet, die je auf einem Passagierschiff installiert wurden. Dazu gehören eine Müllverbrennungsanlage, die sämtliche Stoffe verbrennen kann, ein voll biologisches Klärsystem mit entsprechenden Tanks für Schmutzwasser, eine Zerkleinerungsmaschine und -presse für Küchenabfälle und zusätzliche Entsorgungstanks. Gottseidank gibt es heute viele Staaten – Kanada und Neuseeland zum Beispiel –, die Kreuzfahrtschiffe nur an ihren Küsten dulden, wenn diese alle oben erwähnten Umweltauflagen voll erfüllen. Die Auflagen können gar nicht streng genug sein, denn wir gehen nicht auf Kreuzfahrt, um die Natur zu gefährden, sondern um sie zu schützen. Und das beginnt ohne Zweifel bei einem wachen Umweltbewußtsein, wie wir es nur unterwegs lernen und intuitiv erleben können.

Die Umweltschutzorganisation »Greenpeace« möchte den Tourismus in der Antarktis völlig verbieten und schreibt dazu in einem Flugblatt: »Die Grenze der Belastbarkeit ist erreicht! Mehr als dreißig Jahre nach Beginn des kommerziellen Tourismus in der Antarktis ist klar geworden, daß die gegenwärtigen Bestimmungen der Antarktisvertragsstaaten nicht in der Lage sind, die Antarktis angesichts eines wachsenden Wirtschaftsinteresses vor Schäden durch Tourismus zu schützen.

Neben Forschungsstationen und historischen Stätten, z. B. Expeditionshütten berühmter Entdecker, ist die in diesen Gebieten besonders reichhaltige Tier- und Pflanzenwelt eine besondere Attraktion für die Touristen. Mit zunehmender Zahl an Antarktisreisen steigt nicht nur die Gefahr von Unfällen, beispielsweise durch havarierende Kreuzfahrtschiffe; die Entwicklung einer Infrastruktur für

Brütendes Skua- oder Riesenraubmöwenweibchen auf den Falklandinseln. Skuas sind möwenähnliche Vögel mit einer Flügelspannweite von über 1 m, die als Räuber und Piraten in den arktischen und subantarktischen Zonen leben. Wir besteigen unser Kreuzfahrtschiff »World Discoverer« in Montevideo und erleben nach fünf Seetagen erstmals auf den britischen Falklandinseln die Tier- und Pflanzenwelt der Subantarktis.

den landgestützten Tourismus würde eine ganz andere Dimension von Umweltschäden mit sich bringen.

Zukünftige Hotel- und Landebahnbauten für Passagierflugzeuge würden die heimische Tier- und Pflanzenwelt von ihren eng begrenzten Lebensräumen verdrängen. Diese aber hat keine Ausweichmöglichkeit.

Ebenso werden wertvolle Forschungsergebnisse der Wissenschaftler durch das unwissentliche Eindringen von Touristen in Schutz- und Forschungsareale verfälscht oder vernichtet.

Die hochempfindliche Antarktis ist kein Gebiet, das einen unkontrollierten Tourismus vertragen kann. Die Grenze der Belastbarkeit ist bereits erreicht.«

Soweit die – hier gekürzten – kritischen Anmerkungen von »Greenpeace«. Wir sind im Begriff, als Touristen in die Antarktis zu reisen. Müssen wir da nicht angesichts solcher Aussagen ein schlechtes Gewissen haben?

Ja und nein!

Und bei längerer Überlegung überwiegt das Nein! Wenn es bisher ökologische Schäden in der Antarktis gibt, dann sind sicher nicht Touristen daran schuld, sondern allein die Forschungsstationen. Sie haben ihren Müll nicht halb so sauber entsorgt wie die hier genannten Expeditionsschiffe. Landebahnen werden nicht von Tourveranstaltern für Touristen gebaut, sondern von Nationen, die in den meisten Fällen das gleiche erforschen wollen wie die Kollegen eines anderen Landes direkt neben ihnen. Zur Zeit forschen 18 Nationen in 68 Antarktisstationen an meist gleichartigen Objekten. Die wenigen, oft sehr gut vorbereiteten und aufgeklärten Touristen wünschen weder Hotels noch Landebahnen. Sie wollen einfach die Schönheit der Antarktis erleben und diese Erfahrungen dann weitergeben, um eine große Öffentlichkeit in aller Welt für die Idee »Weltpark Antarktis« zu begeistern. Reinhold Messner und Arved Fuchs waren letztlich auch Touristen in der Antarktis. Sie haben nichts zerstört und nichts hinterlassen und Hunderttausenden in ihren Büchern und Vorträgen von der Schönheit der Antarktis berichtet; durch ihre Fernsehsendungen haben sie sogar mit ihrer Forderung nach einem Weltpark Antarktis ein Millionenpublikum erreicht.

Solange Antarktistouristen außer ihren Fußspuren nichts, aber auch gar nichts, auf dem siebenten Kontinent zurücklassen, finde ich die Sache legitim und sogar förderlich für ein notwendiges, wachsendes Umweltbewußtsein. In vielen Fällen lernen die Wissenschaftler und ihre Versorgungsmannschaften sogar von den ankommenden Touristen und beginnen, ihre Müllhalden einzusammeln und zur Entsorgung abzutransportieren. So habe ich das beispielsweise vor zwei Jahren in der argentinischen Antarktisstation Marambio selbst erlebt. Der aufgeklärte Mensch sollte das Recht haben, einen Nationalpark anzulegen, um sich in ihm von Alltagshektik und Umweltbelastung zu erholen. Erst dann wird er solche Ideen auch wirklich überzeugt unterstützen und fördern – und die Schutzgebiete auch erhalten. Eine ernsthafte Gefahr für die Antarktis geht tatsächlich nicht von den wenigen Touristen aus, sondern von den Nationen, die, nach Ablauf des Antarktisvertrages, territoriale Gebietsansprüche in der Antarktis stellen und vor einer wirtschaftlichen Ausbeutung der dortigen Bodenschätze nicht zurückschrecken werden.

Wir sind an Bord. Da geht es zu wie in einem Bienenhaus. Das Gepäck der aussteigenden Passagiere wird markiert und abtransportiert, die Koffer und Seesäcke der Neuankömmlinge stapeln sich vor der Rezeption, und Tony Berg, der Mann für alles und alle, pendelt ständig zwischen seinem Computer, den Kabinen und der Pier hin und her.

»Hi Tony, we are Helfried and Renate, the photographers from Germany.«

»Hi Helfried, hi Renata, welcome on board. Your cabin number is 106. If you have any question or if you need any help, come and ask me. See you later.«

Schon ist Tony verschwunden, um sich um andere Aufgaben zu kümmern. Philippinen der Crew bringen unser Gepäck in die komfortable Kabine, und Renate beginnt sofort mit dem Einräumen der Schränke. Vier Wochen Antarktis; da haben wir warme Kleidung mit, Gummistiefel für die nassen Anlandungen und eine große Kiste mit der Fotoausrüstung, Filmen und vier Carousel-Magazinen voll Dias, denn ich werde auch Vorträge an Bord halten.

Ich stehe Renate nur im Wege und inspiziere lieber das für mich ganz neue Schiff, bevor die Hauptgruppe an Passagieren eintrifft. Die »World Discoverer«

kann etwas über hundert Passagiere in Einzel- und Doppelkabinen sowie in drei Suiten aufnehmen. Wir wohnen auf dem »Odyssey«-Deck. Unter uns liegen noch das »Discoverer«- und das »Voyager«-Deck mit dem Hospital. Auf unserem Deck befindet sich das gemütliche »Marco Polo«-Restaurant. Die Treppe führt hinauf zum Boat Deck mit den beiden Bars »Lido Lounge« und »Discoverer Lounge«, der Rezeption, Bibliothek und einem Shop. Hinten am Heck ein bescheidenes Sonnendeck mit einem kleinen Schwimmbecken. Die nächste Treppe führt mich hinauf zur Brücke, neben der auch die Radiostation untergebracht ist. Auf dem Bridge Deck gibt es noch ein zweites, größeres Sonnendeck, auf dem die Zodiacs liegen, jene legendären Schlauchboote, die das Anlanden an fast jeder Küste ermöglichen.

Ganz oben finde ich schließlich das Observation Deck mit einem großartigen Panoramablick nach draußen und die Cinema-Lecture Hall für die Vorträge. Irgendwo bei meinem ersten Rundgang läuft mir der Kapitän über den Weg. Groß und stattlich, ein wenig »Curd-Jürgens-Typ«.

»Sind die neuen Passagiere schon an Bord?«

»Nein, ich bin mit meiner Frau früher gekommen, Weyer ist mein Name, der Fotograf aus Deutschland.«

»Heinz Aye, ich bin hier Kapitän und freue mich auf unsere gemeinsame Reise. Wissen Sie, daß Sie die schönste Antarktisreise in unserem Programm mitmachen? Schauen Sie sich nur um, wir sehen uns später, und seien Sie noch einmal herzlich willkommen an Bord meines Schiffes!«

Das also ist Kapitän Heinz Aye, der die beiden Schiffe »World Discoverer« und »Society Explorer« sicher durch die Nordwestpassage gebracht hat. Alles hier an Bord scheint großartig unkompliziert zu sein, auch die Kommunikation zwischen Passagieren und Offizieren bis hinauf zum Kapitän. Ebenso herzlich und natürlich sind die Kontakte zu den anderen Staff-Mitgliedern und zur Mannschaft. Sehr schnell schon wachsen wir alle zu einer großen Familie zusammen, schließlich sitzen wir ja auch alle im gleichen »Boot«.

Normalerweise fahren »World Discoverer« und »Society Explorer« meist mit amerikanischen Passagieren. Daneben gibt es aber auch rein deutschsprachige Expeditionen. Jetzt warten wir auf eine Gruppe aus deutschen, österreichischen und Schweizer Passagieren, die kurz vor dem Auslaufen per Bus eintrifft.

Wenige Minuten, bevor die Sonne sinkt, wird der Anker gelichtet, und das Kommando des Kapitäns heißt: »Leinen los!«

Der Abstand zwischen der grauen Kaimauer und dem Schiffsrumpf wird zusehends größer – die Reise in die Antarktis hat begonnen. Dreimal tutet das Schiffshorn zum Abschied; nur wenige Menschen stehen da in der Abendsonne und winken uns nach.

Für Mannschaften, Offiziere und Kapitän sicher ein Routinemanöver, für uns Passagiere ein großer, irgendwie ergreifender Augenblick, den niemand treffender geschildert hat als der britische Forschungsreisende Sir Richard Francis Burton:

»Einer der glücklichsten Momente im Leben eines Menschen scheint mir der Aufbruch zu einer weiten Reise in unbekannte Länder zu sein. Indem er mit einer gewaltigen Anstrengung die Fesseln der Gewohnheit, das bleierne Gewicht der Routine, den Mantel zahlreicher Sorgen und die Sklaverei seines Zuhauses abschüttelt, fühlt der Mensch sich wieder froh. Das Blut fließt mit der Schnelligkeit der Kindheit – von neuem dämmert der Morgen des Lebens.«

Ich stehe zusammen mit Renate und Eckart, einer ersten Reisebekanntschaft, neben der Brücke. Die starken Dieselmotoren lassen das Schiff leicht vibrieren. Sie, die Schraube und das quirlende Wasser ergeben einen neuen Grundton, der zunächst in unser Gehör und dann in unser Gefühl eindringt. Dieser Grundton wird uns in den nächsten Wochen ständig begleiten und flüstern: »Wir fahren!«

Wir fahren hinter den Horizont!

Drei volle Tage sind wir schon unterwegs und haben uns gegenseitig »beschnuppert«; da sind die Lektoren Victor Stoll, Dr. Wolfgang Fischer und Dr. Siegfried Kaus, die uns permanent Wissenswertes über Antarktisforschung, Meeresbiologie, Umweltschutz, Ornithologie und vieles mehr vermitteln. Besonders Wolfgang aus Hamburg ist ein alter

Hunderttausende von Königspinguinen begrüßen uns laut schreiend auf einer Moräne in den südgeorgischen Salisbury-Plains, nur zweihundert Meter vom Kiesstrand entfernt. Die Kolonie ist von subantarktischem Tussockgras umgeben. Königspinguine brüten ohne Nest; sie halten das einzige Ei auf ihren Füßen fest. Sie sind nach den Kaiserpinguinen (die es nur im Eis der Antarktis gibt) mit 80 cm Höhe die zweitgrößten Pinguine und wiegen gutgenährt 15–20 kg.

Antarktisfuchs und kann aus eigenem Erleben spannend erzählen. Er hat »Greenpeace« mitgegründet und jahrelang auf deutschen Forschungsschiffen in der Subantarktis und Antarktis gearbeitet.

Unter den Passagieren finden sich schnell die professionellen Fotografen zusammen. Unter ihnen sind der Biologe Dr. Eckart Pott aus Stuttgart und Winfried Wisniewski aus Waltrop, die herausragenden Tierkenner und Fotografen. So entstehen Cliquen, die bis zum Ende der Reise und auch darüber hinaus halten und durch ihr ständiges Fachsimpeln und den immer ausgefallenen Fotowünschen den restlichen Passagieren sicher manchen Nerv rauben. Warum gibt es überhaupt Menschen, die nicht fotografieren? Wir – Wolfgang, Eckart, Winni (Winfried) und die Weyers – sind schon eine verschworene Gemeinschaft und erleben die Reise ganz im Sucher unserer Kameras. Außerdem treiben wir uns ständig an Deck herum, so daß wir uns, trotz der extrem südlichen Breitengrade, auch schon den ersten Sonnenbrand geholt haben. Das betrifft vor allem Eckart, dessen Haupthaar sehr zu wünschen übrig läßt!

Auf der »World Discoverer« ist alles klein und recht familiär; so entstehen auch rasch herzliche Kontakte zum Kapitän und seinen Offizieren Uwe Bunsen, Thorsten Franz und allen anderen Staff- und Crewmitgliedern.

Endlich kommt Land in Sicht. Die Falkland-Inseln. Drei Seetage sind zwar im Fluge vergangen – weil keine langweiligen Menschen an Bord sind –, aber jetzt stehen wir doch recht erwartungsvoll draußen an Deck und freuen uns auf festen Boden unter unseren Füßen. Im Morgennebel erkenne ich graugrünes Hügelland. Da stehen auch drei Häuser; bescheiden und doch gemütlich in dieser Weltabgeschiedenheit. Schrill rasselnd fällt die schwere Ankerkette, die Glocke tönt. Kommandos hin und her. Wir sind da.

Schon nach Minuten sind die Zodiacs im Wasser und bringen uns die restlichen dreihundert Meter zum nahen Strand. New Island heißt die Insel, auf der sich nur eine kleine Schafsfarm befindet. Der Farmer, Tony Chater, lebt hier ganz alleine und freut sich über jeden Besuch, über jede Abwechslung in seinem harten Farmalltag. Natürlich kennt er unser Schiff und die Besatzung und begrüßt freudig alte Bekannte. Seine Frau unterhält in der Hauptstadt Port Stanley einen kleinen Buch- und Souvenirladen; dort geht auch die Tochter in die englische Schule. Port Stanley ist aber eine ganze Bootstagesfahrt von New Island entfernt. Tony läßt sich gerne mit seinen beiden Schäferhunden vor seinem Falklandhaus fotografieren, dann begleitet er uns knappe zwei Meilen weit durch üppiges Tussockgras zur Teufelsnase, einem steilen Felsabsturz auf der gegenüberliegenden Seite der Insel. Dort treffen wir auf unsere erste Pinguinkolonie; einige tausend Felsenpinguine schreien und schnattern uns entgegen, so daß man das eigene Wort kaum verstehen kann – und dazu sticht uns der ätzende Geruch des weißen Kots um die Nester herum in die Nase.

Was für ein Bild, was für eine großartige Natur! Ja, wir sind angekommen, im Tierparadies Subantarktis. Felsenpinguine scheinen ein wenig »aus der Art geschlagen«. Immerhin machen die gelben Federbüschel am Kopf sie zu den attraktivsten aller Schopfpinguine. Die Küken der Felsenpinguine sind schon geschlüpft und werden von den Eltern so gut es geht beschützt. So gut es geht, denn hungrige und angriffslustige Skuas kreisen tief und drohend über der Kolonie und holen sich hier leichte Beute.

Pinguine sind flugunfähige Vögel, die wir nur auf der südlichen Halbkugel antreffen. Sie sind an ein Leben in der Kälte auf dem Land und im Wasser geradezu perfekt angepaßt. Es gibt etwa 18 verschiedene Pinguinarten, die sich schon vor 70–100 Millionen Jahren aus flugfähigen Vögeln an den damals noch gemäßigten Küsten von Gondwanaland entwickelt haben. In Neuseeland haben Wissenschaftler fossile Reste eines Pinguins gefunden, der 170 Zentimeter groß war und durchaus 136 Kilogramm schwer gewesen sein muß. Nicht alle Pinguine leben im ewigen Eis der Antarktis, eigentlich nur die einen Meter und mehr großen Kaiserpinguine und die viel kleineren (bis 50 cm großen) Adeliepinguine. Die anderen Arten finden wir vor allem in subantarktischen Gegenden. Ihre Anpassung an extreme Kälte und an das Element Wasser ist ideal gelöst. Pinguine sind gute Schwimmer und Taucher und können es in der Geschwindigkeit

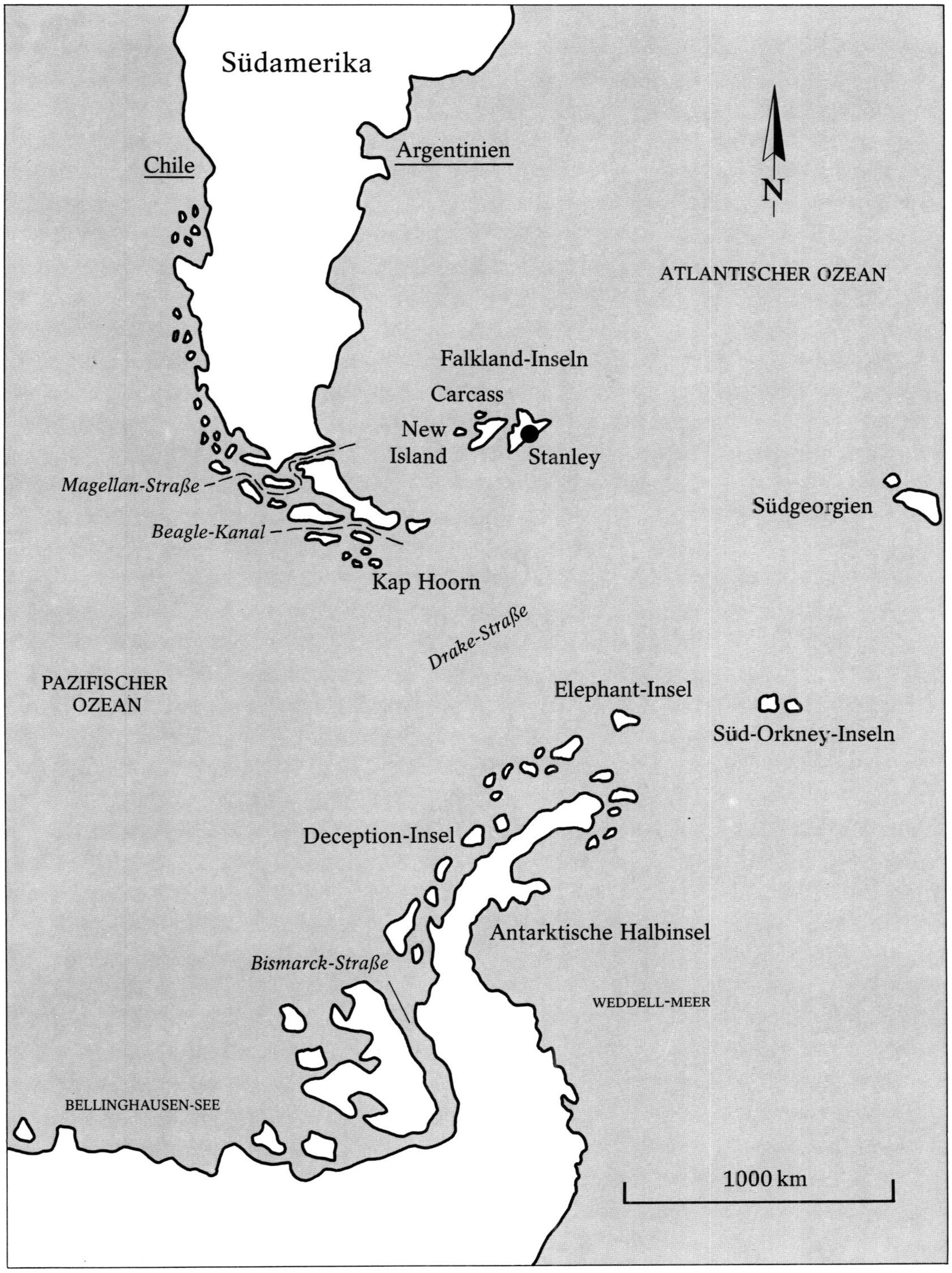

durchaus mit Delphinen und Seehunden aufnehmen. Vor der Kälte schützen sich die Vögel durch eine dicke Speckschicht. Sie stellt auch eine sichere Nahrungsreserve dar. Die kurzen und sehr widerstandsfähigen Federn liegen in drei Schichten dachziegelartig so eng am Körper, daß Wasser nicht durchdringen kann. Dabei sitzen am Unterteil des Federschafts Daunen, die wie »Skiunterwäsche« wärmen. Die Isolierung ist so perfekt, daß auf brütenden Pinguinen Schnee nicht schmilzt. Alle Pinguine leben von Krill und Plankton und kleinen Fischen, nur die großen »Kaiser« und »Könige« fangen größere Fische und Tintenfische.

Krill ist ein vier bis sechs Zentimeter großer, lachsroter bis durchsichtiger Krebs, der in antarktischen Gewässern in so großen Mengen vorkommt, daß – so die Meinung der Wissenschaftler – nur 10 Prozent der vorhandenen Krillmenge ausreichen würde, um den Eiweißbedarf der gesamten Menschheit zu decken. Diese These ist nach wie vor recht aktuell, und viele Wissenschaftler widmen sich in antarktischen Stationen ganz der Krillforschung.

Hauptfeinde der Pinguine sind Seeleoparden und Raubmöwen, die sich vor allem Küken holen. »Kaiser« und »Könige« legen jeweils nur ein Ei und halten es ohne Nest auf ihren Füßen, um es so von oben durch eine Bauchtasche zu wärmen. Die anderen Arten bauen primitive Nester aus Holz, Knochen und Steinen und legen zwei Eier hinein.

Zwei miteinander palavernde Königspinguine in Südgeorgien. Die »Könige« sind noch schöner gezeichnet als die etwas größeren »Kaiser«; ihre Rückenfedern leuchten an den Spitzen marineblau bis silbergrau und metallisch, die oberen Brustfedern, die Ohrenflecken und die Schnabelseiten orangegelb bis gold.

Eselspinguin mit Küken auf Südgeorgien. Eselspinguine sind kleiner als Königspinguine, sie erreichen nur 40–50 cm und wiegen 6–8 kg. Man erkennt sie leicht an dem korallenroten Schnabel und an dem dreieckigen weißen Stirnfleck zwischen den Augen. Die Küken haben nach dem Schlüpfen die gleiche Färbung wie die Eltern.

Einige Arten, z. B. die Magellan-Pinguine, brüten in Höhlen, die sie sich in den Sand graben. Pinguine leben zum Schutz gegen Kälte, Wind und Schnee und zur Abwehr von Feinden immer in großen Kolonien von Tausenden oder Zehntausenden oder sogar Hunderttausenden von Tieren. Diese unvorstellbar großen, lauten und übelriechenden Pinguinkolonien sind neben der spektakulären Eislandschaft sicher die Hauptattraktionen einer Reise in den kalten Süden. Heute stehen Pinguine unter Naturschutz und lassen den behutsam beobachtenden Menschen bis auf wenige Meter herankommen. Ich selbst habe oft erlebt, daß man sich nur ruhig und geduldig an eine Kolonie setzen muß, dann kommen die neugierigen Vögel von ganz alleine heran und untersuchen laut schreiend und palavernd die Fototasche und den fremden Eindringling selbst. Und wenn mich jemand nach den wirklich großen Tierparadiesen der Erde fragt, dann antworte ich ohne langes Nachdenken: Botswana, Galapagos und Antarktis.

Jetzt ist der Himmel strahlend blau, und die Sonne scheint warm und hell auf dieses Paradies. Die nur 30–40 Zentimeter großen und im Durchschnitt drei Kilogramm schweren Felsenpinguine sind schwarz-weiß gefärbt und haben einen auffallend lang herabhängenden, goldgelben Federschopf über den rot leuchtenden Augen. Zum Meer hinunter sind es gute 100 bis 150 Meter; eine steile Geröllhalde. Aber das schreckt die Felsenpinguine ebensowenig wie die starke Brandung, in der sie sich die Nahrung holen. Den schweren Weg über Stock und Stein hinunter zum Wasser und wieder hinauf zum Nest legen die Tiere mehrmals am Tage in beneidenswerter Geschwindigkeit zurück. Ich könnte hier stundenlang sitzen, schauen und fotografieren. Außerdem mache ich Tonaufnahmen von dem permanenten Geschrei in der Kolonie. Aber unsere Zeit ist kurz bemessen, denn wir erwarten heute ein ganz seltenes Treffen an diesem so abgelegenen Ort.

Die kleinere, rotweiße »Society Explorer« kommt aus der Antarktis und läuft gegen Mittag in die blaue Bucht von New Island ein. Da liegen die beiden legendären Expeditionsschiffe am Rande der Welt für eine Stunde nebeneinander. Zodiacs pendeln hin und her. Lautes Hallo zwischen den Mannschaften. Dann werden beide Anker wieder hochgehievt. Die »Society Explorer« »segelt« nach Norden und die »World Discoverer« in die entgegengesetzte Richtung.

Wind kommt auf und läßt beim nächsten vorgesehenen Ankerplatz keine Anlandung zu. Aber Kapitän Aye kennt die Falkland-Inseln und findet rasch eine neue und windgeschützte Bucht vor Carcass-Island. Die Zodiacs bringen uns an einen herrlich einsamen Sandstrand, auf dem eine Pelzrobbe mit ihrem Baby Wache zu halten scheint. Hinter dem Strand, nach dichten Büscheln von Tussockgras, nisten Skuas, die größten aller Raubmöwen und Feinde der Pinguin-Kolonien und Robbenkinder. Ich pirsche mich mit Stativ und Teleobjektiv langsam, Meter um Meter, an den brütenden Riesenvogel heran. Das Skuamännchen folgt mir und möchte mich von seinem Weibchen immer wieder ablenken. Bei diesem Spiel erfahre ich unmißverständlich, wann ich zu weit gegangen bin und den Rückzug antreten muß: Das Skuamännchen greift an und streicht in furchteinflößendem Gleitflug nur wenige Zentimeter über meinen Kopf. Die Flügelspannweite beträgt mehr als einen Meter! Also brechen wir ab und auf. Eine halbe Meile vor uns sehen wir auf einer Anhöhe eine stattliche Kolonie von Eselspinguinen in der warmen Abendsonne. Auch hier ist großes Geschrei, aber es gilt nicht uns, sondern den ständig angreifenden Skuas, die von den Eselspinguinen mit himmelwärts gerichteten Schnäbeln bedroht und vertrieben werden. Eselspinguine sind größer als die Felsenpinguine; sie erreichen eine Größe von 50 Zentimetern und wiegen im Durchschnitt 6–8 Kilogramm. Zwischen den Augen haben sie einen auffälligen, dreieckigen weißen Fleck, und ihr Schnabel leuchtet korallenrot vor dem jetzt kräftigen Himmelsblau. Die Skuas sind nicht nur lästige Räuber, sie sind auch eine nützliche Gesundheitspolizei. Kranke, kraft- und wehrlose oder gar tote Tiere werden von den Skuas sofort aus der Kolonie geholt und beseitigt.

Noch steht die Kolonie eng beisammen, die Küken sind bereits geschlüpft. Im März löst sich dann die Kolonie auf, und die Alten verschwinden mit ihren flügge gewordenen Jungen, um den Winter auf dem Meer zu verbringen. Auch hier denke ich: Wo ist die Zeit geblieben? Viel zu schnell ist dieser große Tag vergangen, der in naßkaltem, farblosem Nebel begann und uns doch noch so viele Sonnenstunden schenkte.

Mit dem letzten Tageslicht bringen uns die Zodiacs zurück in unser schwimmendes Hotel. Tagebuchnotizen, sortieren der belichteten Filme, reinigen der Kameras, beschriften der Tonbänder, duschen vor dem Dinner. Jedem Tag folgt ein sogenanntes »recap«, bei dem wir zusammen mit den Lektoren in der »Discoverer-Lounge« sitzen und das Erlebte noch einmal durchgehen und diskutieren. Während wir an der Bar hocken – oder auch schlafen –, fährt die »World Discoverer« zwölf Stunden lang durch die sternenklare Nacht von Carcass-Island bis zur Hauptstadt Port Stanley.

Da liegt wirklich eine richtige Stadt vor uns. Eine Stadt, die vor wenigen Jahren noch für blutige Schlagzeilen sorgte. Viktorianische Steinhäuser liegen am Strand, und dahinter am Hang sehen wir bunte Giebel und Fassaden wie bei uns im europäischen Norden. Das könnte auch Island sein; grell rote und grüne Wellblechdächer, ein Pferd im Vorgarten, kleine Gärten, in denen Falkländer arbeiten und freundlich grüßen: »What a beautiful day. Where are you from?«

Es gibt wenig Fremde auf den Falkland-Inseln, und so freut sich jeder Insulaner auf ein neues Gesicht. Die Menschen dieser Insel nennen sich selbst gerne »Kelpers« – nach dem englischen Wort »kelp« für Seetang. Gewaltige Mengen von Riesentang wachsen überall an den Küsten Falklands.

An der kurzen Küstenstraße, der Ross-Road, sowie in der etwas höher gelegenen Parallelstraße, der John-Street, finden wir einige typisch englische Pubs und Stores, ein Hotel, eine Kirche und das Postamt. Während die ganze Welt von japanischen vierradangetriebenen Geländewagen überlaufen ist, stehen hier große Kolonnen des guten alten Landrovers herum wie in einem Automuseum. Man denkt und handelt und fährt auf den Falkland-Inseln eben noch britisch, und der blau-rot-weiße Union Jack flattert im ständigen Falklandwind am Mast vor vielen Häusern.

Die Falkland-Inseln liegen etwa 500 km östlich von der Küste Patagoniens entfernt und bilden eine Inselgruppe am Rande der subantarktischen Breitengrade. Hier leben 2000 Menschen neben der britischen Militärgarnison. Fast alle Bewohner sind britischer Abstammung.

Im Jahre 1690 ging der englische Kapitän John Strong hier wohl als erster Mensch an Land und benannte die Inseln nach dem damaligen Marineschatzmeister Falkland. Dann folgten französische Robbenjäger und nannten Falkland »Les Iles Malouines« nach dem Hafen von St.-Malo. Daher stammt dann auch der argentinische Name »Islas Malvinas«. Die Inseln wechselten mehrfach den Besitzer und gehören seit 1841 fest zu Großbritannien. 1982 besetzten Argentinier die Falklands und Südgeorgien. Diese Inselgruppe gehört auch zu den Falklands. Die argentinischen Soldaten wurden von den Engländern vernichtend geschlagen und mußten kapitulieren.

Großbritannien hat im März 1962 die Gebiete südlich des 60. südlichen Breitengrades – vorher gehörten sie zu den Falkland-Inseln – einschließlich der South-Orkney-Inseln, der South-Shetland-Inseln, der antarktischen Halbinsel und einem Teil des antarktischen Kontinents zwischen dem 20. und dem 80. westlichen Längengrad unter der Bezeichnung »Antarctic Territory« zu einer britischen Kolonie erklärt. In dem berühmten Antarktis-Vertrag, der 1961 in Kraft getreten ist und auch von Großbritannien unterzeichnet wurde, steht schwarz auf weiß, daß alle territorialen Forderungen südlich des 60. südlichen Breitengrades eingefroren werden. 1991 läuft der Antarktis-Vertrag aus; sein Inhalt wird dann von den Unterzeichner-Staaten neu verhandelt. Seit mehr als 150 Jahren streiten sich Argentinien und Großbritannien um die Herrschaft über die Falkland-Inseln. Argentinien machte immer wieder seine Ansprüche auf die »Malvinen« vor internationalen Gremien geltend. 1965 forderten die Vereinten Nationen die beiden Gegner auf, ihren Streit auf dem Verhandlungswege beizulegen. Im Laufe der Zeit wurden zahlreiche Abkommen geschlossen, nur die Kernfrage, wem die Inseln tatsächlich gehören sollen, wurde nie gelöst. Argentinien beruft sich auf die ursprünglichen Rechte der spanischen Kolonialmacht, von der das Land bereits 1816 unabhängig wurde, und auf die logische geographische Lage. Die etwa 2000 »Kelpers« sind größtenteils Schaf-

Die »World Discoverer« liegt an der Mole der verlassenen Walfängerstation Grytviken, dem »Hauptort« auf der heute unbewohnten Insel Südgeorgien. Hier rosten die Zeugen der brutalen Walfängerzeit vor sich hin; da stehen noch die Öfen, in denen Pinguine zu Tran gekocht wurden, und da liegen noch fabrikverpackte Harpunen, mit denen die Wale des Südpolarmeeres fast ausgerottet wurden.

züchter. Tatsache bleibt, daß die Bewohner der Falkland-Inseln nichts von Argentinien wissen wollen und sich als echte britische Patrioten fühlen.

Eine wirtschaftliche Bedeutung könnten die Falklands als Versorgungsbasis für die Forschungsstationen der Antarktis bekommen. Außerdem fanden Geologen in den vergangenen Jahren reiche Erdölvorkommen in den Gewässern rund um die Inseln. Erst nach dem Falklandkrieg entdeckten die Engländer die ferne Inselgruppe als Tierparadies für Individualisten und Naturfreunde. In einer großzügig aufgemachten und sehr gut farbig bebilderten Broschüre wirbt die Falkland-Islands-Touristinformation* in England mit dem Slogan »Holidays in the Falkland-Islands«. Da werben See-Elefanten, Delphine, Kormorane, Albatrosse und riesige Pinguin-Kolonien neben »Battlefields« sowie Angel-, Wander- und Reitmöglichkeiten für ein ganz neues Touristenziel. Echte Naturliebhaber und Tierfotografen kennen längst diesen Geheimtip!

Bei Port Stanley sehen wir einige Grindwale, es sollen die einzigen Wale während der gesamten Reise bleiben. Die Population der Riesensäuger hat sich seit der grausamen Walfängerzeit in den antarktischen Gewässern noch nicht erholt, und die Japaner fangen und töten trotz weltweiter Proteste auch heute weiter. Unserem Freund und Meeresbiologen Wolfgang bleibt nur der Diavortrag. Eigentlich wollte er uns täglich lebende Wale vor Ort zeigen. An Seetagen gibt es aber nicht nur Fachvorträge der Lektoren. Thorsten Franz, Zweiter Offizier auf dem Schiff, erklärt uns eindrucksvoll und logisch die Berechnung von Positionen, Längen- und Breitengraden, oder er referiert mit viel Seemannshumor über das Thema: »Wie wird man Kapitän?« Ich selbst gestalte einen Diavortrag über »Reise- und Naturfotografie« und werde in der Folgezeit zum »Doktor für defekte Kameras«. Bei all den vollelektronischen Kameras, die durch Salzwasser, Kälte oder Feuchtigkeit laufend ausfallen oder »spinnen«, kann ich oft nur raten, auf so eine »richtige Reise« auch eine »richtige Kamera« mitzunehmen.

Nach erstaunlich ruhigen Seetagen – die Küche hat nichts sparen können – erwartet uns ein strahlender Tag vor Südgeorgien. Es ist merklich kälter geworden und auch windiger. Erstmals brauchen wir unsere warmen Jacken, um an Deck zu stehen und zu schauen. Eis, Gipfel und Grate, weite Schneehänge und wilde Gletscherabbrüche – so liegt das unbewohnte Südgeorgien vor uns (hier sind nur britisches Militär und einige Wissenschaftler stationiert).

»Wenn der liebe Gott Urlaub machen würde, ginge er sicher nach Südgeorgien«, meldet sich Kapitän Aye über den Bordlautsprecher von seiner Brücke aus. Bis fast 3000 Meter steigen die eisgepanzerten Berge in den stahlblauen südlichen Himmel. Unbekannte, in vielen Fällen noch unbestiegene, oft sogar namenlose Berge. Was für eine Wildnis! Was für ein Paradies für Alpinisten und Naturfreunde! Vor lauter Schauen und Staunen vergesse ich fast das Frühstück.

Südgeorgien gehört mit fast 4000 km^2 (160 km lang und 40 km breit) zu den größten Inseln in der Subantarktis. Der berühmte Kapitän James Cook hat als erster Seefahrer Südgeorgien umfahren und grob vermessen. Während die Westküste steil, total vergletschert und vereist ist, gibt es an der Ostküste traumhafte, fast liebliche Buchten, in denen die Walfänger ihre Stationen errichteten. Cook hatte in seinen Berichten über Südgeorgien die ungeheuren Massen von Robben, Pinguinen, See-Elefanten und Walen erwähnt und so die Ausbeuter auch in dieses ferne Paradies gelockt.

Vor uns liegen die berühmten Salisbury-Plains vor Gletschern und fernen, schneebedeckten Bergen. Wir trauen unseren Augen nicht, aber im Fernglas sind sie deutlich zu erkennen: Königspinguine, soweit das Auge reicht. Hunderttausend oder mehr! Der Königspinguin ist nicht ganz so groß wie der Kaiserpinguin, der nur im ewigen Eis der Antarktis anzutreffen ist. Er ist dafür aber der farblich schönste Pinguin und erreicht die stattliche Größe von 70–80 Zentimetern und wiegt 15–20 Kilogramm. Die Rückenfedern des Königspinguins leuchten an den Spitzen marineblau bis silbergrau und metallisch und die Brust-

* 12 a Coenny-Street in York Y01 1 NA, Großbritannien

federn, die Ohrenflecken und die Schnabelseiten orangegelb bis gold. Am Kiesstrand haben wir eine leichte Anlandung und stolpern über eine große Schar Robben, die im Tussockgras liegen und uns erstaunt aus tennisballgroßen, fragenden Augen begutachten und dann verächtlich rülpsen. Wir marschieren mit Kamera, Stativ und Tonbandgerät geradewegs auf die Königs-Kolonie zu. Unbeschreiblich das Geschrei und der Gestank. Königspinguine bis zum Horizont, und zwischen den palavernden Alten die Küken: braun und dick und noch lange nicht so majestätisch wie die herrlich bunten Erwachsenen, aber doch schon neugierig und frech; halbstark. Bilderbuchmotive, wohin das Auge blickt. Und das alles unter einem dunkelblauen und wolkenlosen Himmel, aus dem die südliche Sonne seine wärmenden Strahlen verschwenderisch verschießt. Wir Fotografen, Winni, Ekkart, Wolfgang und ich, flippen fast aus. Die Kameras klicken pausenlos. Renate geht zur Erkundung weiter, erklimmt die nahen Hügel und winkt. Sie hat ein großartiges Tal entdeckt mit einer weiteren Kolonie. Hier stehen die Pinguine in Reih und Glied an einem silbernen Gletscherfluß, der von den nahen Schneeriesen hinunter auf und durch die Salisbury-Plains zum nahen Polarmeer fließt. Alle anderen Passagiere sind bei der großen Kolonie geblieben. Wir sehen außer uns keinen anderen Menschen, nur noch Pinguine, Wasser, Eis und den Himmel. Was können wir tun, um solche Paradiese für unsere Kinder und Enkel zu erhalten? Die Frage ist schwer zu beantworten, denn wenn morgen aus diesem Boden Öl sprudelt, dann werden kein Mensch und keine Umweltschutzorganisation stark genug sein, um so ein Paradies zu erhalten. Die »Könige« müssen dann den eisernen Bohrtürmen weichen, so ist leider das Gesetz unserer Zivilisation. Ein gutes Gesetz ist das allerdings nicht.

Der Kapitän hat recht: Wenn der liebe Gott Urlaub machen würde, ginge er sicher nach Südgeorgien! Ich ginge mit!

»Hier sollten wir das Zelt aufschlagen und uns in vier Wochen von der ›World Discoverer‹ wieder abholen lassen! Vier Wochen im Paradies!«

»Ich wäre dabei«, antwortete Renate, »und vielleicht würdest du nach einer Woche sogar deine Kamera aus der Hand legen und hättest Zeit und Muße, diese Schönheit einfach nur zu genießen, in dich aufzunehmen. Wenn du mal nicht mehr fotografierst, wenn wir in Rente gehen, dann segeln wir nach Südgeorgien!« Ein frommer Wunsch!

Viel zu schnell ist der Vormittag vergangen. Im Laufschritt geht es zurück an den Strand, und das allerletzte Zodiac bringt uns – mit über hundert belichteten Bildern im Gepäck – zurück an Bord. Schon hören wir das Einziehen der Ankerkette. Die »Könige« werden kleiner und kleiner, bald sind sie in der großen, blendenden Landschaft nicht mehr zu erkennen. Das nächste Ziel ist nur 15 Minuten entfernt:

Albatros-Island. Schon sitzen wir wieder im Zodiac und suchen einen Weg durch große Kelp-Mengen, die unsere Außenbordschraube oft blockieren. Wir springen auf den felsigen Strand und landen mitten in einer neugierigen Pelzrobben-Kolonie. Die plumpen Tiere lassen sich in ihrer sonnigen Mittagsruhe überhaupt nicht stören. Erinnerungen an Galapagos werden wach. Auch dort nehmen die Robben kein Reißaus vor dem Besucher, sondern versperren ihm oft die einzige Landemöglichkeit. Von den grasbewachsenen Hügeln plätschert ein Bach hinunter an den Strand. In ihm steigen wir rasch hoch auf ein kleines Plateau. Unser Lektor und Bergführer Viktor Stoll sichert ungeübte und unsichere Wanderer durch ein Seil. Nach zwanzig Minuten stehen wir im nassen Tussockgras hoch oben über den Kliffen vor dem König aller Vögel, dem hier nistenden Wanderalbatros.

Wanderalbatrosse sind die größten flugfähigen Vögel der Welt. Sie wiegen bis zu zehn Kilogramm und erreichen mit ihren langen und schmalen Schwingen eine Spannweite von 2,5–3 Metern! Sie nisten immer auf windgepeitschten Anhöhen – den Wind brauchen diese Riesenvögel für ihre Starts und Landungen, die eher unbeholfen und stümperhaft aussehen. Aber wenn der Start gelungen ist, dann entpuppt sich der Albatros als Meister der Lüfte. Das Schauspiel gleicht den Vorführungen einer Segelkunstflug-Staffel. Die Wanderalbatrosse haben ihre Brutplätze hier auf Südgeorgien sowie auf allen größeren Inseln der subantarktischen Region. Sind die Küken flügge, dann verbringen sie bis zu drei Jahren auf dem Meer, bevor sie zur Heimatinsel zurückkehren, um ihre erste Balz zu

Die blaue »World Discoverer« liegt bei Point Wild (Elephant-Island) vor Anker: Tonnage: 3153, Länge: 87 Meter, Geschwindigkeit: 12,5 Knoten. Point Wild, eine vergletscherte Bucht auf Elephant-Island, ist nach Shackletons Expeditionsvertreter Frank Wild benannt, der hier zusammen mit seiner Mannschaft 105 Tage lang ausharrte, bevor sein »Boß« Ernest Shackleton von Südgeorgien Hilfe holen konnte.

Brütender Wanderalbatros in Südgeorgien. Die Albatrosse sind die größten flugfähigen Vögel der Welt. Sie wiegen bis zu 10 kg und erreichen mit ihren langen und schnellen Schwingen eine Gesamtbreite von 2,5–3 m! Sie nisten auf windgepeitschten Anhöhen – den Wind brauchen die Riesenvögel für ihre Starts und Landungen – mitten im Tussockgras.

beginnen – ein unglaublich schönes Tanzritual, dem das Liebesspiel folgt. Einzelne Paare bleiben danach ein Leben lang zusammen. Wie oft konnten wir diesen einzigartigen Hochzeitstanz auf den Galapagos-Inseln miterleben. Hier ist die Balz schon vorbei. Die männlichen Vögel kommen bereits Anfang November auf die Insel, die Weibchen folgen einen Monat später. Jetzt haben wir Ende Dezember, und die Eier liegen bereits in den wenig liebevoll gebauten Nestern. 80 Tage lang wird das 500 Gramm schwere Ei bebrütet, dann schlüpft das Küken und muß noch 4–5 Wochen lang gefüttert werden, bevor es in die Selbständigkeit entlassen wird.

Um uns die Albatrosse, unter uns das blaue Polarmeer und einige Meilen weiter südlich grüßen die Salisbury-Plains mit den »Königen« herüber. Kann eine Reise ans Ende der Welt größere Höhepunkte bereithalten?

Hier in Südgeorgien war es nicht immer so ruhig und friedlich wie heute. Vom Anfang des 19. bis zur Mitte unseres recht fragwürdigen Jahrhunderts wüteten hier die Robben- und Walfänger aus Norwegen, Großbritannien und anderen Ländern. In der Literatur geistern zu diesem Thema verschiedene, mehr oder weniger glaubwürdige Zahlen herum: Da spricht ein britischer Kapitän von 57000 erschlagenen Pelzrobben im Jahr 1800. James Weddell berichtet, daß bis 1825 bereits 1,2 Millionen Pelzrobben getötet wurden. Und weiter heißt es, daß man damals pro Jahr alleine »See-Elefanten zu 20000 Tonnen Öl verarbeitet habe«. Unzählige Pinguine wurden lebend in die Tranöfen geworfen. Als dann die rasch zusammenschrumpfenden Bestände der Robben und See-Elefanten ökonomisch uninteressant wurden, begann die völlig unkontrollierte Jagd auf Wale. Robben und See-Elefanten erholten sich ein wenig; ihre Bestände wurden in der Nachkriegszeit erneut zerschlagen. Dieser brutalen Tierausrottung wurde erst 1961 und in den Folgejahren durch internationale Konventionen Einhalt geboten. Heute jagen trotz der strengen Verbote immer noch Japaner und Sowjets den Wal im Südpolarmeer.

Die rostigen Zeugen dieser traurigen Epoche sehen wir noch an diesem Abend im nahen Stromness. Da klappert Wellblech im Wind, Tanks und Öfen erinnern an das große Tiersterben. Im Windschatten der zerfallenen Häuser und Schuppen rülpsen uns Robben und See-Elefanten entgegen, über die wir hier ständig stolpern. Und das einstige Fußballfeld der »Stromness-Liga« ist fest in der Hand von Eselspinguinen. Die steilen Eishänge hinter der Geisterstadt Stromness liegen schon im Schatten der tiefstehenden Abendsonne. Diese Berge mit ihren gefährlichen Gletschern haben eine der dramatischsten Episoden der klassischen Antarktisforschung erlebt: Ernest Shackleton stieg und rutschte nach seiner unglaublichen Odyssee dort hinunter und stolperte halbtot in die erste Walfängerhütte von Stromness, um Hilfe für seine im Eis gefangene Expedition zu holen. Ich werde später darüber berichten.

Auf Südgeorgien sind einige Wissenschaftler stationiert; seit dem Falklandkrieg ist dort auch britisches Militär. Ein halbes Dutzend Offiziere verbringen als Gäste von Kapitän Aye den Abend zusammen mit uns an Bord. Nur wenige Stunden dauert die Fahrt von Stromness nach Grytviken, der »Hauptgeisterstadt« von Südgeorgien. Am Heiligen Abend geht unser Schiff an die alte, morsche Pier, neben der zwei 1967 aufgegebene Walfangboote halb versunken vor sich hinrosten. Es folgt ein waghalsiges und gekonntes Manöver, denn wir haben zunächst keine Helfer für die Trossen. Unsere Zodiac-Kapitäne turnen auf die überaus wackelige Pier und fangen die Leinen auf. Beifall für die Mannschaft, für Kapitän und Offiziere, die hier ein wahres Kunststück vollbringen.

»Grytviken« kommt aus dem Norwegischen und heißt übersetzt »Großer Topf«. Was für ein Ort! Blech klappert und quietscht im Wind, da stehen noch die mächtigen Tranöfen in riesigen Hallen. Das eingestürzte Kino neben der kleinen Walfängerkirche mit Turm und unglaublich viel Material machen den Eindruck, als wären die Robbenschlächter und Walfänger gestern noch hier gewesen. Gleich hinter der maroden Pier liegt die große Slipanlage, über die man die riesigen Wale zur Zerlegung gehievt hatte. In Versorgungshallen vor den Trankùchen stapeln sich Walharpunen, noch fabrikverpackt, und in den Mannschaftsräumen liegen Geschirr und verfaulter Proviant herum. Über 2000 Menschen lebten hier in den »Glanzzeiten« von Grytviken. Heute haben neue

Bewohner von der völlig verrosteten Geisterstadt Besitz ergriffen: unzählige Robben und See-Elefanten.

Wissenschaftler behaupten, daß sich die Robben – ähnlich wie die Wale – vor Jahrmillionen aus vierfüßigen Landsäugetieren entwickelt haben. Im Gegensatz zu den Walen haben Robben vier Gliedmaßen behalten und können sich auf dem Land mehr oder weniger geschickt fortbewegen. Die See-Elefanten sind die größten Robben der Welt. Während die Kühe drei bis vier Meter lang werden, erreichen Bullen oft stolze sechs Meter und mehr und wiegen bis zu vier Tonnen. See-Elefanten haben sich aufgrund ihres geradezu wilden Sexualverhaltens verhältnismäßig rasch von der Schlachtperiode des 19. und frühen 20. Jahrhunderts erholt. Der Weltbestand wird heute auf eine knappe Million Köpfe geschätzt. Den Winter verbringen die gewaltigen Urtiere fast ausschließlich im Meer, aber im September suchen die Bullen geschützte Buchten und Strände auf und stecken ihre Haremsplätze ab. Wenige Wochen nach den Bullen erscheinen auch die Weibchen auf den Inseln. Blutige und laute Revierkämpfe beginnen. Jetzt haben die Männchen keine Zeit mehr für die eigene Nahrungssuche, es wird gekämpft und kopuliert – wochenlang! Die Bullen leben dabei von ihren im Winter angefressenen Fettreserven. Im Oktober werden die ersten Jungtiere geboren und leben drei bis vier Wochen lang von der fetten Muttermilch. Ihr Geburtsgewicht von 40–50 Kilogramm verdreifacht sich in dieser Zeit. Dann gehen sie selbst ins Wasser auf Nahrungssuche.

Die riesigen Tiere liegen jetzt in übelriechenden, braungrauen Haufen im Tussockgras und im Windschatten der verfallenen Häuser von Grytviken. Der schon erwähnte britische Polarforscher Ernest Shackleton, den ich persönlich für den größten Helden der Antarktisentdekkung halte, starb hier in Grytviken bei einer Zwischenlandung im Januar 1922 im Alter von nur 48 Jahren.

Nur eine gute Meile von der Pier entfernt liegt sein kaltes Grab: ein Stein mit seinem Namen, umgeben von weißen Holzlatten und bunten Plastikblumen. Ein großartiges Bild: das einsame Grab unter dem strahlend blauen Himmel, blendend weiße Berge im Halbrund dahinter und das vom Wind bewegte Polarmeer davor mit wilder Gischt. Ein würdiger Platz für die letzte Ruhe dieses großen Mannes.

Die über hundert Passagiere und Mannschaften der »World Discoverer« mit ihren roten Windjacken sind zum Grab gekommen. In ihrer Mitte steht Kapitän Heinz Aye mit seinen Offizieren und spricht zu uns:

»Wir stehen hier am Grab des größten Seehelden unseres Jahrhunderts: Sir Ernest Henry Shackleton. Er wurde 1874 geboren, war Nordire und Offizier der britischen Handelsmarine, Polarforscher und ein Mann von ungeheurer Energie. Er verband nautisches Wissen und Können mit dem Wagemut jener großen Polarforscher der heroischen Zeit. Man darf nicht behaupten, Shackleton habe als Polarforscher nur Glück gehabt. Nein, sein erster Vorstoß zum Südpol, zusammen mit Falcon Scott, endete fast in einer Katastrophe. Bei seinem zweiten Versuch, zum Pol vorzustoßen, jetzt als Expeditionsleiter seines eigenen Unternehmens, zwang ihn die Versorgungslage nur 180 Kilometer vor dem Ziel zur Umkehr. Sein dritter Anlauf, Antarktika über den Südpol zu durchqueren, endete mit dem Verlust seines Schiffes ›Endurance‹. Aber Niederlagen haben diesen Mann erst groß gemacht. In Rettungsbooten brachte er seine Mannschaft, neun Tage lang unentwegt rudernd, nach Elephant-Island. Von dort aus überquerte der Seemann, zusammen mit fünf Begleitern, 1300 Kilometer eines der stürmischsten Meere der Welt in einem ebenso verzweifelten wie tollkühnen Versuch, mit einem Rettungsboot Südgeorgien zu erreichen. Nach drei vergeblichen Anläufen gelang es diesem energiegeladenen Nordiren, von Grytviken aus seine Mannschaft auf Elephant-Island abzuholen. Alle 30 Männer haben die Katastrophe überlebt. Der eher wortkarge große Polarforscher Roald Amundsen schrieb damals: ›Shackletons Heldentat wird für immer mit feurigen Buchstaben in die Polarforschung eingehen.‹

Sein unerwarteter Tod 1922 auf seiner Rettungsinsel Südgeorgien war wohl die Folge seines übermenschlichen Einsatzes zur Rettung seiner Matrosen, zur Rettung seiner Expeditionsteilnehmer. Wir verneigen uns vor Sir Ernest Shackleton und gedenken seiner schweigend.

Elephant-Island, von Südosten aufgenommen. Wir fahren am Abend von Point Wild nach Cape Lookout. Es ist »Dinnertime«, die Passagiere sitzen im vornehmen »Marco-Polo«-Restaurant beim Abendessen. Wir, eine Handvoll unermüdlicher Fotografen, stehen oben auf dem Bridge-Deck und schauen und schauen. Unbestiegene Gipfel und Grate, Gletscher und Hänge, von Menschen und Zivilisation unberührt, ein letztes sauberes Paradies am Rande der Antarktis.

Und nun gestatten Sie mir als Kapitän des Abenteurer- und Expeditionsschiffes ›World Discoverer‹, zusammen mit meinen Offizieren einen alten Seemannsbrauch aufleben zu lassen. Diesen Brauch haben die Seeleute, eingepackt in ihre warmen Teerjacken, früher rund um den Erdball praktiziert. In großer Verehrung trinken wir auf das Wohl dieses tapferen Seemannes: Mögen Wind und Sturm, Eis und Meer unseren Seehelden in einer besseren Welt erfreuen. Zuerst bekommt Sir Ernest Shackleton einen guten Schluck!«

Der Kapitän gießt klaren Schnaps über den Grabstein und setzt dann selber die Flasche an, um sie anschließend seinen Offizieren weiterzureichen.

»Wir Seeleute bedanken uns bei allen Passagieren, daß Sie am heutigen Heiligen Abend mit uns an dieser Gedenkminute teilgenommen haben.«

Die Sonne strahlt weiter vom wolkenlosen Himmel auf uns, auf Shackletons Grab und auf die anderen, meist schmucklosen Gräber der Walfänger und Robbenschlächter. Vom nahen Strand ist das heisere Gebell von See-Elefanten zu hören, und aus der klaren, kalten Luft grüßt der Schrei von unzähligen Möwen herunter. Unser Weg führt wieder durch die Geisterstadt zur gut erhaltenen Holzkirche. Von ihrem Turm klingt helles Glockengeläut. Auf der Empore warten unsere philippinischen Crewmitglieder. Zur Gitarrenbegleitung singen sie Weihnachtslieder ihrer fernen Heimat. Der Kapitän liest aus der Weihnachtsgeschichte, und schließlich stimmen wir alle an: »Stille Nacht, heilige Nacht!«

Weihnachten – das Fest der Familie in Deutschland. Wie oft bin ich fort gewesen, weit weg von allem geschäftlichen Weihnachtsrummel: Vor einem Jahr lag ich am Heiligen Abend hoch oben im Himalaya und aß mit meinen Sherpas echten Christstollen, und im Jahr davor entzündeten wir an diesem Abend unser Lagerfeuer am warmen Sandstrand des Südjemen; wir hatten keinen Christstollen, dafür aber guten Whisky. Und immer war Weihnachten unvergeßlich und großartig, so wie hier in der rostigen Geisterstadt Grytviken. Und dann der geschmückte Baum an Bord und das köstliche Festmenü unseres Schweizer Küchenchefs Gerald Zagler:
Die »World Discoverer« ist also doch ein Luxusliner!

Antarktis – ein Weltnationalpark?

Im »Spiegel« lese ich über die Antarktis unter der Überschrift »Bollwerk aus Schollen und Frost« folgenden Artikel: »Froststürme und eiskalte Wogen peitschten sein Schiff, als der Seefahrer James Cook 1773 den südlichen Polarkreis durchschnitt – mit Kurs auf das sagenumwobene Südland Terra Australis Incognita. Doch der Abenteurer sah sich bald enttäuscht, viel ›Benefiz‹ sei hier nicht zu machen: ›Ich habe noch nie soviel Eis gesehen.‹

Der Gletscherkontinent, 12,4 Millionen Quadratkilometer groß, wird von einem Bollwerk aus Schollen und Frostbergen umgeben, die nur im Sommer teilweise abtauen. Der Packeisgürtel erstarrt im antarktischen Winter auf einer Fläche von rund 20 Millionen Quadratkilometern und umklammert das Festland wie ein gewaltiger glitzernder Eispuffer.

Auf der eigentlichen Landmasse, Antarktika genannt, liegt ein bis zu 4500 Meter hoher Frostpanzer mit einem Gewicht von rund 27 Billiarden Tonnen. Unter dieser Last ist die Erdkruste in Jahrmillionen eingedellt worden, das Eis hat den Kontinent stellenweise um 800 Meter abgesenkt.

Die mächtigen Gletscherblöcke, aus über 100 000 Jahre alten Schneeflocken zusammengepreßt, sind in ständiger Bewegung. Die Blöcke wandern mit einem Marschtempo bis zu 2,5 Kilometer pro Jahr vom Inland Richtung Küste und krachen dort als weiße Riesenwände ins Meer.

Nur zwei Prozent der Antarktis sind frei von Eis. Dazu gehören vor allem die Küstenregionen auf der Antarktischen Halbinsel, die wie ein Keil nach Feuerland ragt. Im Inland toben Blizzards mit Spitzengeschwindigkeiten von über 200 km/h.

Der höchste Vulkan, der Mount Erebus (3794 Meter), pustet hin und wieder Lavafontänen in die Polarluft. Nachdem 1895 der erste Mensch Antarktika betreten hatte, begann die heroische Phase der Südpolstürmerei. Mit Ponys, Huskies, später mit Motorschlitten, Kettenpanzern und Flugzeugen drangen die Eroberer in das größte bis dahin unberührte Biotop der Welt ein, im Kampf gegen eine menschenfeindliche Natur.

Robert F. Scott starb, 18 Kilometer vom nächsten Vorratsdepot entfernt, bei härtestem Sturm aus Südwest in einem ›wirbelnden Schneegestöber‹. Mit 30 Opiumtabletten zur Betäubung dämmerte der Engländer am 29. März 1912 in seinem Zelt dem Kältetod entgegen.

Roald Amundsen, sein Konkurrent, hatte am 14. Dezember 1911, einen Monat vor Scott, mit ›Liebe und Stolz‹ am Südpol die Flagge gehißt. Zufrieden feierte die Crew das Ereignis mit Seehundfilets und ›frischem feingeschnittenem Tabak‹.

Amundsens lange Gespräche mit Eskimos und seine bessere Logistik hatten das Wettrennen zu seinen Gunsten entschieden. Doch auch für den Norweger war der Trip durch die Tiefkühlwüste – Kälterekord: minus 89,2 Grad – mit ungeheuren Anstrengungen verbunden. Bereits auf dem Hinweg mußte die Crew 24 Schlittenhunde töten, um sich mit Husky-Koteletts den Bauch zu wärmen.

Die argentinische Station Almirante Brown auf der Antarktischen Halbinsel in der Paradiesbucht. Die meteorologische Station wurde 1950 errichtet und ist heute wieder verlassen. Hinter dem Stationshäuschen ist ein Zodiac-Schlauchboot vor der schmalen Landzunge zu erkennen. Im Schnee vor dem Schlauchboot liegt ein halbes Dutzend Weddellrobben, denen wir einen kurzen Besuch abstatten.

Porträt eines Zügelpinguins. Unter dem Kinn trägt der Pinguin ein schmales Band aus schwarzgeränderten Federn, das einem Zügel ähnlich sieht. Der Zügelpinguin wird nur gute 30 cm groß und wiegt 5–6 kg. Zügelpinguine sind ausgezeichnete Unterwasserjäger und leben wie alle Pinguine von Krill und kleinen Fischen.

Nur ein Doldenblütler, eine Nelken- und eine Grasart halten dem Terror-Klima der Antarktis stand. In den weniger eisigen Zonen wuchern im Sommer Moose und Flechten. Urtierchen, Milben und Springschwänze gehören zur kargen Fauna.

Reicheres Leben tummelt sich im Wasser. Große Fischbestände und Schwärme von Mini-Langusten, Krill genannt, umfluten die Küstengewässer und bilden den Speisevorrat für größeres Polargetier. Blau- und Finnwale filtern sich die blaßrosa Krebstiere tagtäglich tonnenweise aus den Fluten.

Millionenfacher Bewohner des sechsten (bzw. siebenten, d. V.), ›letzten Kontinents‹ ist der Pinguin. Wie im Silvesterfrack stehen die fluguntauglichen Vögel zu Zehntausenden in ihren Kolonien und plustern das fellartige Gefieder.

Vergleichsweise kommod eingerichtet sind die rund 70 wissenschaftlichen Stationen auf dem weißen Kontinent. Das größte Forscher-Iglu betreiben die USA am Rande des Ross-Schelfeises. Im Sommer wohnen hier etwa 1000 Menschen.

Das Interesse der Antarktis-Forscher gilt nicht zuletzt den reichen Metall-Schätzen, die sich unter der gigantischen Eisbombe finden. Auch fossile Brennstoffe wurden im Boden eingelagert, ehe Antarktika vor 200 Millionen Jahren vom Superkontinent Gondwana abbrach.

Noch ist der Rohstoffhunger der Industrienationen durch den Antarktis-Pakt von 1959 gedrosselt. Doch die 22 Konsultativstaaten, darunter auch die Bundesrepublik, könnten sich bald freien Zutritt zu den Rohstofflagern verschaffen. 1991 wird der Vertrag neu ausgehandelt*.«

Windstärke 9 auf der Beaufortskala. Bis zu acht Meter hohe Wellen schlagen über den Bug. Viele Passagiere sind blasser geworden, einige verlassen ihre Kabinen nicht mehr. An der Rezeption liegen Tabletten gegen die Seekrankheit bereit – ich versuche noch, ohne Medikamente »zu überleben«. Alle Außentüren sind geschlossen, ebenso die Brücke. Normalerweise fährt unser Schiff mit einer »open bridge«. Das heißt, wir Passagiere können zu jeder Tages- und Nachtzeit die Brücke betreten und den diensthabenden Offizieren und Mannschaften unsere Fragen stellen. Auf großen Kreuzfahrtschiffen gibt es eine Brückenführung pro Reise; hier ist das alles recht familiär geregelt – und das ist gut so. Stundenlang kämpft die »World Discoverer« – und mit ihr der Kapitän – im Südpolarmeer mit dem Sturm.

Als fester Wasserring umgibt das Polarmeer den weißen Kontinent Antarktika. Das kalte Wasser fließt unentwegt nach Osten und trennt so Antarktika von dem warmen Wasser der vier großen Weltmeere Indischer Ozean, Südsee, Pazifischer und Atlantischer Ozean. Diese sogenannte »antarktische circumpolare Strömung« ist die einzige wirklich globale Strömung, die sogar den Golfstrom an Geschwindigkeit um das Vierfache übertrifft. Beim Zusammentreffen des kalten Wassers mit dem warmen Wasser der genannten Ozeane entsteht die sogenannte »antarktische Polarfront« oder auch »antarktische Konvergenz«. Sie liegt so etwa zwischen dem 40. und 50. Breitengrad und lehrt jeden Seemann das Fürchten. Denn genau hier toben sich die südlichen Stürme so richtig aus. Südlich dieser Konvergenz liegen 35 Millionen Quadratkilometer kaltes Wasser; das ist ein Zehntel des gesamten Weltmeeres. Besonders kaltes Wasser sinkt hier in große Tiefen und fließt am Boden der Ozeane nach Norden ab. Dadurch wird die Temperatur in den Weltmeeren auf der südlichen Halbkugel sehr stark reduziert. Außerdem versorgt dieses kalte, von den Gletschern kommende Tiefenwasser die südlichen Meere mit Sauerstoff.

In zehn Stunden, so meint der Kapitän, werden wir aus dem Gröbsten heraus sein und wieder ruhiges Wasser erreichen. Wir glauben ihm und halten zuversichtlich dem »Auf und Nieder« stand. Die Antarktis ist unser Ziel, und die beginnt südlich dieser Wasserfront.

Es ist auch draußen merklich frischer geworden. Die ersten Eisberge driften an unserem Schiff vorbei. Diese Zone ist auch für dichten Seenebel bekannt und berüchtigt.

Land in Sicht! Das ist nach stürmischen und vortragsreichen Seetagen immer ein großer Augenblick. Elephant-Island, erster Vorbote der eigentlichen Antarktis. Im Nebel erkennen wir nur schemenhafte Umrisse, vergletscherte

* Der Spiegel 50/1989

Adeliepinguine sind nicht so farbenprächtig wie »Könige« und »Esel«. Ihre Rückenfedern sind schwarz mit blauen Spitzen, die Vorderseite ist cremig-weiß. Sie werden 30–35 cm groß und wiegen 5–6 kg. Es gibt Adelie-Kolonien, in denen mehr als eine Million Vögel brüten!

Hänge und senkrechte Felsen an der Küste. Ein ungemütlicher, lebensfeindlicher Ort. Kalter Wind pfeift um das Deck, so daß wir die Kapuzen fester über unsere Ohren ziehen. Der Anker fällt laut rasselnd in die Tiefe, so daß auch der letzte Schläfer in seiner Kabine geweckt wird. Die frische Luft ist das beste Mittel gegen Seekrankheit, und schon fühlen wir uns alle wieder wohl, auch wenn die See noch lange nicht ruhig geworden ist. Nein, sie ist so aufgewühlt, daß eine Anlandung unmöglich wird. Dennoch fahren die Zodiacs hinaus nach Point Wild. Frank Wild war der Stellvertreter Shackletons bei der verhängnisvollen »Endurance«-Expedition. Hier wartete er mit seinen Männern auf die Rückkehr von Shackleton; nach ihm ist dieser exponierte Punkt benannt.

Kapitän Heinz Aye hat am Shackleton-Grab auf diese dramatische Geschichte hingewiesen, aber nur in wenigen Sätzen. Weil die Odyssee um Point-Wild so unfaßbar ist, möchte ich die Aye-Kurzfassung ergänzen:

Nach zwei eigenen Fehlschlägen, den Südpol zu erreichen, und nach den dramatischen Erfolgen von Amundsen und Scott hatte Ernest Shackleton als erster Polarforscher die Idee, den gesamten antarktischen Kontinent von der Weddell-See bis nach McMurdo zu durchqueren. Er hat das antarktische Festland und mit ihm den eigentlichen Ausgangspunkt dieser kühnen Idee gar nicht erreicht. Was Shackleton vor dem Ersten Weltkrieg erträumte, haben erst Reinhold Messner und Arved Fuchs 75 Jahre später vollendet: Die Durchquerung des antarktischen Kontinents alleine mit menschlicher Kraft.

Wenige Wochen vor dem Ausbruch des Ersten Weltkrieges verließ Sir Ernest Shackleton England mit seinem Schiff »Endurance«. Shackleton hörte vom Kriegsausbruch und wollte auf der Stelle umkehren, um sich als Offizier zum Frontdienst zu melden. Aber der damalige Marineminister Winston Churchill funkte der »Endurance«: »Weitermachen!«

Kurz vor Erreichen des Festlandes wurde die »Endurance« vom Packeis in die Zange genommen und vor den Augen der entsetzten Männer zerdrückt wie eine Walnuß vom Nußknacker. In dieser Situation hatte ein Kameramann der Expedition so starke Nerven, daß er das Zerquetschen des Schiffes – über das Brechen und Bersten der Masten bis zum totalen Untergang – in allen Details in einem dramatischen Dokumentarfilm festgehalten hat. Es ist schon merkwürdig schaurig, diesen historischen Film ausgerechnet hier, vor Elephant-Island, auf einem Schiff zwischen Treibeisfeldern zu sehen und zu diskutieren!

Alle Teilnehmer der Shackleton-Expedition haben den Untergang überlebt. In Windeseile schleppten die Männer soviel Ausrüstung wie möglich auf die treibenden Schollen: Rettungsboote, Zelte, Proviant, Waffen und warme Kleidung. Neben ihrer versunkenen »Endurance« schlugen die Männer wie zur Totenwache ihr Lager auf und trieben auf der Scholle fünf Monate lang (!) mit der erwähnten Ostströmung durch das eisige Polarmeer. Sie verstauten schließlich ihre Habseligkeiten in die Rettungsboote und zerrten, schoben und zogen sie verzweifelt weiter über die »fahrende Scholle«, bis sie eines Tages offenes Wasser mit viel Treibeis erreichten. Shackleton ließ die Boote zu Wasser bringen – eine wahre Schinderei in dieser lebensfeindlichen Umwelt. Die Männer ließen sich treiben, sie ruderten und versuchten auch zu segeln. Ihr Ziel war die Insel Deception. Dort lebten Walfänger, dort gab es Rettung. Aber Wind und Strömung waren zu groß, die Boote wurden nach Osten abgetrieben und landeten nach fürchterlichen Wochen hier am Point Wild auf Elephant-Island. Keine Menschenseele gab es auf der Insel, keine Rettung also. Aber da waren Pinguine, und von ihnen konnte man leben. Also richtete man ein Lager ein; die umgekippten Rettungsboote dienten als Behausung. Shackleton war kein Mann, der leicht aufgab. Geschwächt von den unglaublichen Qualen und Strapazen der letzten Monate bestieg er mit fünf seiner besten Männer erneut das leichteste Rettungsboot und ruderte – unglaublich – in knapp drei Wochen über die stürmische Antarktiskonvergenz 1300 Kilometer weit bis Südgeorgien. Aber das unglaubliche Drama war noch immer nicht zu Ende. Shackleton und seine Männer landeten an der Westküste Südgeorgiens; die rettenden Walstationen lagen aber an der geschützten Ostküste, und dazwischen türmte sich ein noch nie erstiegenes Gebirge mit furchtbaren Gletscherbrüchen und eisigen Hochplateaus auf. Drei seiner Männer gaben auf, sie konnten einfach nicht mehr weiter. Shackleton ließ sie mit dem Rest an

Proviant in einer Felshöhle zurück und zog mit den restlichen beiden Begleitern weiter. Ohne Zelt, ohne Proviant, ohne Gepäck. Shackleton sagte seinen Männern: »Wir gehen ohne Pause bis zum Ziel – oder in den Tod! Ausruhen bedeutet sterben, und dafür sind wir nicht hierher gerudert!«

Sie gingen, kletterten, rutschten, hielten sich gegenseitig an einem kurzen Schiffsseil fest und stolperten weiter. Sie gingen fast 37 Stunden lang ohne Pause und erreichten halbtot Stromness! Nie vorher hatten Alpinisten dieses schwere Bergmassiv überquert. Erst 13 Jahre später gelang einer gut ausgerüsteten britischen Bergsteigerexpedition die Shackleton-Traverse vom historischen Landepunkt an der Westküste hinüber nach Stromness. Die Alpinisten brauchten zwei Wochen für den Weg!

Wenige Kilometer vor Stromness – die Hütten und Lichter waren schon zu sehen – blieben Shackletons Begleiter Wortley und Crean einfach liegen; sie waren am Ende ihrer Kräfte. Nicht so Shackleton! Er stolperte weiter bis in das erste erleuchtete Haus, stieß mit den Stiefeln die Tür auf und fiel lang auf den Boden. Die Walfänger saßen um ihre Tranlampe und erschraken, als wäre ein Yeti durch die Tür gefallen. Wenige Minuten später war eine Hilfsmannschaft bei Wortley und Crean. Am nächsten Morgen startete ein Rettungsboot zur Westküste, um die drei »Höhlenmenschen« zu bergen, und dann gelang Ernest Shackleton, zusammen mit dem chilenischen Kapitän Pardo, auf dem Lotsenschiff Yelcho nach drei vergeblichen Versuchen die Fahrt durch das immer dichter werdende Packeis zurück nach Elephant-Island, nach Point Wild. Alle Männer der »Endurance«-Expedition wurden gerettet.

Weihnachten standen wir an Shackletons Grab, jetzt kreuzen unsere Zodiacs vor Point Wild. Wir sehen ein kleines Denkmal an jenem legendären Lagerplatz – wir sind mittendrin in dieser fast unglaublichen Geschichte und verstehen erst jetzt den Satz unseres Kapitäns: »Niederlagen haben Ernest Shackleton erst groß gemacht!«

Ganz plötzlich ist der Nebel gefallen, Gletscher und Gipfel leuchten hinter Point Wild. Wildnis pur! Zurück an Bord und Anker hoch. Wir umfahren Cap Valentine und erreichen hinter Walkerpoint die Südküste von Elephant-Island. Der Wind hat den Himmel sauber gefegt, die Sonne übergießt die Eiswüste von Elephant-Island (benannt nach den vielen See-Elefanten an seiner Küste) mit immer wärmerem Licht. Wir wollen bei Sonnenuntergang die Südspitze der Insel erreichen, Cap Lookout. Und weil wir dort eine Anlandung versuchen werden, zieht die Küche das abendliche Dinner einige Stunden vor. Nein, bei diesem atemberaubenden Panorama will ich nicht dinieren! Winni, Eckart und ich bleiben oben an Deck. Wir haben uns in die warmen Windjacken verkrochen und schauen stundenlang zur Insel. Ganz nahe erscheinen die beiden höchsten Gipfel Mt. Elder (927 m) und Horn Hill (839 m) in der klaren Luft. Dazwischen der gewaltige Stadiumgletscher, der in wilden Abbrüchen bis hinunter ins Polarmeer stürzt. Makelloses Weiß, eingetaucht in die langsam röter werdenden Strahlen der Abendsonne. Juliane, Restaurantchefin auf dieser Reise, erkundigt sich bei Renate besorgt nach dem Befinden der sonst so seetüchtigen Fotografen, die meist alle am gleichen Tisch sitzen, und erfährt, daß wir durchaus nicht seekrank, sondern eher »sehkrank« oben an Deck stehen. Wenige Minuten später ist Juliane bei uns auf dem Bridge-Deck mit einer riesigen Käseplatte und heißem Tee. Danke, Juliane, du bist ein Schatz. »Also doch ein Luxusliner mit Spezialservice«, murmelt der fast zwei Meter große und immer hungrige Eckart zufrieden.

Der Blick auf Elephant-Island wird immer großartiger, immer farbiger. Würde der liebe Gott, wenn er Urlaub machte, wirklich nach Südgeorgien gehen? Wenn er Elephant-Island so leuchtend und strahlend als weißen Edelstein im dunkelblauen Polarmeer sehen würde, wäre er zumindest über sein Urlaubsziel verunsichert!

Alles im Leben ist relativ. Nur selten sehen wir Dinge objektiv. Ich schwärme von dieser Insel und sage, eine schönere habe ich noch nicht gesehen. Aber da sind der blaue Himmel und die Abendsonne, die unglaubliche Klarheit des Lichtes, die makellose Sauberkeit des Eises, das jetzt in den Schattenpartien eine geheimnisvolle blaue Färbung annimmt. Ich bin in eine warme Jacke gehüllt, habe heißen Tee in der Hand und eine Käseplatte vor mir, mit der eine

Tafeleisberge sind nicht von Gletschern, sondern vom Schelfeis abgebrochene Eisberge, die als riesige Eisplateaus vor der Küste treiben. Die größten Eistafeln hat man mit 240 km Länge und 110 km Breite vermessen und jahrelang über Satelliten beobachten können, bevor sie abschmolzen. Diese Tafeleisberge sind etwa 30 Meter hoch und oben flach wie Fußballfelder.

Hundertschaft überleben könnte. Ich fühle mich also rundherum wohl und sehe vom sicheren Schiff aus satt und glücklich »mein Paradies«.

Für Frank Wild und seine Männer war dieses »Paradies« die Hölle, der Vorhof zum Tod! Sie hatten kein sicheres Schiff unter den Füßen, keine große Käseplatte vor sich – sie wußten nicht einmal, ob ihr Expeditionsleiter, Ernest Shackleton, noch am Leben war. Monatelang – genau 105 Tage – sahen sie hier dem Tod ins Auge; so dicht also können Paradies und Hölle beieinander liegen. Oft ist das nur eine Frage der Perspektive.

Es ist leicht, von der Antarktis und ihrer Schönheit und Erhabenheit zu schwärmen, wenn man auf einem komfortablen Luxusschiff von einem optischen Höhepunkt zum anderen gleitet. Und doch gibt es auch manchen Wermutstropfen zwischendurch. Wir sehen weit weniger Wale als erwartet und begreifen, daß da immer noch Nationen sind, die blind und ohne Zukunftsverantwortung geschützte Tiere töten und ausrotten. Andere Menschen wiederum sehen weniger die Schönheit der Antarktis, sondern nur ihre strategische oder wirtschaftspolitische Bedeutung. Durch viele Vorträge und Diskussionen werden wir auch mit diesen Schattenseiten konfrontiert. Bis heute ist die Antarktis in ihrer faszinierenden Unberührtheit erhalten geblieben. Aber wird das so bleiben? Der 1959 zwischen 12 Ländern geschlossene und 1961 in Kraft getretene Antarktisvertrag hat die Nutzung der Antarktis auf ausschließlich friedliche Aktivitäten beschränkt. Die Antarktis soll nur für die internationale wissenschaftliche Forschung nutzbar sein, und diese Forschung soll oder sollte von Land zu Land, von Nation zu Nation koordiniert und ausgetauscht werden. 24 stimmberechtigte (Konsultativstaaten) und 14 weitere, nicht stimmberechtigte Nationen gehören dem Antarktisvertrag an. Bis heute hat dieser Vertrag die Antarktis davor bewahrt, militärischer Übungsplatz zu werden oder Öl- und Kohlelieferant für die Supermächte. Ein durchaus ernstzunehmender deutscher Wissenschaftler hat sogar vorgeschlagen, die Antarktis als Mülldeponie für die atomare Entsorgung zu nutzen und radioaktive Brennstäbe einfach auf der Eiskappe abzuladen. Sie werden sich dann automatisch einige tausend Meter tief »einbrennen« und damit für alle Zeiten verschwunden sein!

Für die Dauer des Antarktisvertrages gehört dieser Kontinent niemandem, und längst bestehende Gebietsansprüche werden zunächst einfach »auf Eis gelegt«!

Sieben Länder machen solche, sich teilweise sogar überlappende, Ansprüche geltend. Argentinien, Australien, Chile, Frankreich, Neuseeland, Norwegen und Großbritannien glauben, aufgrund geographischer und historischer Voraussetzungen Teile der Antarktis ihr eigen nennen zu können. Chile und Argentinien siedelten bereits erste Familien auf dem weißen Kontinent an und ließen Frauen in der Antarktis Kinder gebären, um ihre territorialen Ansprüche zu untermauern. Die USA und die UdSSR machen zwar zur Zeit keine Landansprüche geltend, behalten sich solch einen Anspruch aber für die Zukunft ausdrücklich vor. Immerhin haben die Amerikaner mit McMurdo die größte »Stadt« – mit der größten Müllhalde – in der Antarktis gebaut. Und der Südpol ist mit einer riesigen US-Station ebenfalls fest in amerikanischer Hand. Alles nur für die Wissenschaft, so sehr, daß die Amerikaner am Pol Reinhold Messner und Arved Fuchs jede praktische Hilfe verwehrten – denn die beiden folgten ja keiner wissenschaftlichen Mission! Ist solches Verhalten nicht schon versteckter Besitzanspruch und die Ausgrenzung von Fremden? Bisher hat Deutschland über 350 Millionen DM in die Antarktisforschung investiert. Nur für die Forschung? Oder eher, um irgendwann präsent zu sein, beispielsweise, um teure Technologie an Verbündete zu liefern? Das alles ist zunächst rechtmäßig und sieht auch völkerverbindend aus. Aber teilen sich die Reichen in Wahrheit nicht längst den Kuchen?

Im Juni 1988 schlossen die Antarktisvertragsstaaten nach sechsjähriger Verhandlungszeit unter Ausschluß der Öffentlichkeit (warum nur?) die Verhandlungen zum antarktischen Rohstoffabkommen (CRAMRA) in Wellington/Neuseeland ab. Mit CRAMRA wurden die Institutionen und Genehmigungsverfahren geschaffen, die einen Abbau von Rohstoffen jeglicher Art in der Antarktis ermöglichen – aber doch nur für die Länder, die bereits präsent sind und dort investiert haben!

Als Folge der verantwortungslosen Rohstoff- und Energieverschwendung in den reichen Industrieländern der Erde zeichnet sich ein hemmungsloser Wettbewerb um die letzten Vorräte auf unserer Erde ab. Wird das letzte intakte Ökosystem ebenso geplündert und zerstört werden wie die anderen Kontinente zuvor?

»Greenpeace«, »WWF«, »Antarctic Coalition« und »Friends of the Earth« sind Umweltschutzorganisationen, die mit entsprechender Medienunterstützung auf diese Gefahren weltweit aufmerksam machen – und das ist gut so. »Greenpeace« will, wie ich bereits im vorangegangenen Kapitel ausführte, jeden Tourismus verbieten. Aber der Tourismus ist tatsächlich die geringste Gefahr für die Antarktis oder sogar ein großer Gewinn! Wurde die Serengeti-Steppe nicht gerade durch den Tourismus als Nationalpark erhalten und ebenso die Galapagos-Inseln? Mit einem kontrollierten, sanften Tourismus läßt sich dieser weiße Kontinent am sichersten vor dem Zugriff der rohstoffgierigen Nationen schützen. »Greenpeace-Neuseeland« hat das inzwischen auch erkannt und vertritt diese Meinung bereits öffentlich. Wenn aber kein »Weltpark Antarktis« mit einem eventuell beschränkten Tourismus zustande kommt, wird die Industrie dieses Paradies aufteilen und ökologisch zerstören.

Dann werden wir nicht mehr an Deck stehen und ein letztes unbeflecktes Paradies bestaunen können. Für den lieben Gott wird es bald keinen Platz mehr geben, an dem er Urlaub machen kann. Oder folgen verantwortungsbewußte Politiker doch eines Tages den Vorschlägen von »Greenpeace« und schaffen den Weltpark Antarktis, von dem alle Menschen profitieren werden?

Im Januar 1987 errichtete »Greenpeace« von Spendengeldern die erste nicht regierungsabhängige Station in der Antarktis und nannte sie »Weltparkstation«. Sie dient vor allem dazu, Umweltverletzungen aufzudecken und die Weltöffentlichkeit auf die Gefahren, die der Antarktis drohen, aufmerksam zu machen.

Als Reinhold Messner und Arved Fuchs ihre »nichtwissenschaftliche« Antarktika-Durchquerung erfolgreich beendet hatten, schickten sie dem amerikanischen Abenteurer Will Steger, der ebenfalls den antarktischen Kontinent mit Hundegespannen durchquert hat, das folgende Telegramm: »Congratulations! All our respect for completing one of the Great Polar Journeys of all time. Let's now fight together for Worldpark Antarctica!«

Das Konzept eines solchen Weltparks ist einfach und logisch:

1. Die Antarktis darf politisch nicht aufgeteilt werden.
2. Die Antarktis bleibt frei von Waffen und militärischen Einrichtungen. Keinerlei Manöver und keinerlei militärische Experimente.
3. Jeder Abbau von Rohstoffen wird untersagt.
4. Wissenschaftliche Forschungsarbeit darf nur friedlichen Zielen dienen und muß beschränkt und koordiniert werden.
5. Keine touristisch orientierte Infrastruktur in der Antarktis.
6. Keinerlei Müll in die Antarktis; bereits vorhandener Müll muß abtransportiert werden!

Immer mehr Treibeis begleitet unser Schiff; dazwischen Eisberge. Grau, schemenhaft und gespenstisch im Nebel, dann wieder blendend weiß, türkisgrün und mattblau im Sonnenlicht. Auf den Schollen liegen faul Weddellrobben und Seeleoparden, auf anderen »fahren« Pinguincliquen wie bei einer sportlichen Regatta. Sichten wir am Horizont einen besonders schönen Eisberg, dann springe ich zur Brücke hinauf und bitte den diensthabenden Offizier, den Kurs doch etwas für die »wilden Fotografen« zu ändern. Und das klappt auch. Oft fahren wir so beängstigend dicht an den Eiskunstwerken vorbei, daß wir Fotografen in letzter Sekunde zum extremen Weitwinkelobjektiv greifen müssen. So vergehen Stunden und Tage inmitten einer Traumwelt.

Die »World Discoverer« schiebt sich in die Hope-Bay und wirft Anker vor der argentinischen Station Esperanza. Da bellen Schlittenhunde (ganz ungewöhnlich in der Antarktis), und da leuchten gleich zwei Dutzend rote Häuser auf dem Strand im Nebel.

Die argentinische Antarktisstation Esperanza gehört zu den sicherlich schönstgelegenen Forschungsstationen des Weißen Kontinents. Im Sommer leben hier 60 und im Winter 30 Männer. Sie befassen sich mit Meteorologie, Physik der Atmosphäre, Glaziologie, Geologie und Geophysik. Für viele der genannten wissenschaftlichen Disziplinen ist die Antarktis geradezu ideal, weil es noch keine Luft- und Bodenverschmutzung gibt und weil der Blick ins Weltall weder durch Dunst noch durch Industriedreck getrübt wird.

Zuviel Treibeis macht eine Zodiac-Anlandung unmöglich. Schade, denn in wenigen Minuten hat sich der dichte Nebelvorhang geöffnet, und strahlender Sonnenschein überflutet ein wildes Bergpanorama mit Graten, Gipfeln und Gletschern. An den Hängen erkennen wir gewaltig große Pinguinkolonien und davor die »Stadt«. Wieder Bilderbuchantarktis. Das kostet Film. Wir fahren weiter, hinein in eine wahre Wunderwelt aus Tafeleisbergen, die aus der Weddellsee gekommen und hier gestrandet sind. Weiße Wände vor und neben uns, weiße Streifen bis zum Horizont, und darüber, nur eine Stunde nach dem dichten Morgennebel, ein azurblauer Himmel.

Tafeleisberge brechen vom Schelfeis ab, nicht etwa von den Gletschern, und sind oben so flach wie Fußballfelder und so groß wie ganze Provinzen. Die größten »Fabriken« von Tafeleisbergen befinden sich in der Weddellsee und in der Roßsee. Von dort sind Eistafeln in das südliche Polarmeer getrieben, die von Satelliten aus vermessen wurden: 30 x 77 Seemeilen, 40 x 60 Seemeilen oder 15 x 70 Seemeilen. Der bisher größte bekannte Tafeleisberg wurde im November 1956 in der Roßsee gesichtet: Seine Größe betrug 53 x 180 Seemeilen! Alleine das Durchfahren dieser für uns neuen Antarktisperspektive ist so aufregend und visuell so spektakulär, daß ich keine Worte finde, außer: unbeschreiblich schön!

Aber da ist sie schon wieder, die Nebelwand. Und wir halten genau auf sie zu, tauchen in sie ein. Das ist, als wenn wir aus einem lichtdurchfluteten Garten in einen finsteren Kellerraum gingen. Und der Nebel, der jeder Landschaft die Farbe nimmt, bleibt in den nächsten Tagen unser Begleiter. Aber auch das gehört zur Antarktis. Du verkriechst dich in die Daunenjacke, ziehst die Kapuze fest über beide Ohren und steckst die Nase in die kalte, unverdreckte Luft. Da kannst du richtig durchatmen, und schon sind neue Bilder da und neue Geschichten.

Almirante Brown heißt eine winzige, verlassene Station. Es nieselt richtig ungemütlich, aber der Wind ist schlafen gegangen. So bringen uns die Zodiacs an den Landesteg. Da stehen wir im Schnee vor einem halb verbrannten Haus und hören die Geschichte einer Tragödie: Sechs Jahre lang mußte hier ein argentinischer Arzt als Kommandant der Station ausharren, umgeben von Gletschern, Robben, Nebel und im Winter auch von Dunkelheit. Der Mann wurde krank; Polarkoller! Er zündete kurz entschlossen die Station an und zwang so seine Vorgesetzten, ihn abzulösen.

Durch knietiefen Schnee stapfen wir auf einen nahen Berggipfel und genießen, trotz des düsteren Wetters, einen großartigen Blick auf die Paradiesbucht. Tief unter uns die Reste der Station, dahinter eine kleine, schneebedeckte Landzunge, auf der winzige schwarze Punkte zu erkennen sind. Erst im Glas sehe ich eine ganze Herde Weddellrobben. Schon sind wir wieder unten, Renate, Eckart, Wolfgang und ich. Uwe Bunsen, erster Offizier an Bord, fährt uns mit seinem Zodiac hinüber – und dann stehen wir mitten in der Robbenkolonie, lassen uns begaffen und freuen uns über die friedvollen Tiere. Wir setzen uns dazu, nur so. Die Robben heben ihre Köpfe und legen sich wieder schlafen. In den Schnee.

»Sag mal, Wolfgang, du bist Wissenschaftler, kennst die Robben und die Wale. Kennst du auch die Sache mit dem Ozonloch über uns, das in aller Munde ist?« »Wer kennt das nicht. Die Sache ist ganz einfach – doch sehr ernst. Alle Lebewesen auf der Erde sind auf Ozon angewiesen, ebenso wie auf Sauerstoff und Wasser, denn die Ozonschicht in der Atmosphäre filtert die für uns tödliche ultraviolette Strahlung der Sonne aus. Alle Pflanzen produzieren Sauerstoff, und wenn der in die Atmosphäre tritt, wird er durch das Sonnenlicht in Ozon umgewandelt. Ozon treibt vom Äquator nach Norden und Süden zu den beiden Polen; dort ist die Ozonschicht am dichtesten. Stell' sie dir 12 oder 15 Kilometer über der Erdoberfläche vor. Das bekannte Treibmittel FCKW steigt nun ebenfalls in diese Höhe und zerstört das lebenswichtige Ozon. FCKWs verwenden alle Industrienationen in Lösungs- und Kühlmitteln und vor allem in Spraydosen. Dieses Treibgas bleibt bis zu 100 Jahren in der Atmosphäre, bevor es sich zersetzt. Inzwischen haben wir mehrere Millionen Tonnen davon in die Luft geschickt, und jetzt merken wir plötzlich den tödlichen Bumerang: Die Ozonschicht löst sich auf, ein Loch entsteht. Eigentlich handelt es sich zunächst um eine starke Ausdünnung der Ozonschicht, die wir über beiden Polen festgestellt haben. Sicher legitimiert diese Erkenntnis alleine alle Investitionen der Antarktisforschung, denn ohne diese Forschung und die damit verbundene Erkenntnis der tödlichen Gefahr würden wir sicher weiterhin FCKWs in die Luft sprühen bis zu unserem sicheren Untergang.«

Uwe Bunsen ist zurückgekommen, um uns abzuholen. Also verabschieden wir uns von unseren Weddellfreunden und fahren »nach Hause«.

Zum Jahreswechsel landen wir bei der polnischen Forschungsstation Arctowski. Mein Zodiac-Kapitän ist heute Conrad Field aus Alaska. Natürlich kenne ich Conrad schon seit Wochen, aber nie vorher fuhr ich in seinem Zodiac. Conrad ist mit seiner Freundin Carmen an Bord und hilft dem Expeditionsleiter, dem Cruisedirektor und eigentlich allen auf dem Schiff. Conrad ist Biologe und zeichnet in jeder freien Minute. Während er Passagiere im Zodiac an Land oder zurück zum Schiff fährt, beobachtet er scharf und intensiv alle Tiere seiner Umgebung, macht grobe Skizzen auf irgendwelchen Zetteln und zeichnet die Tiere an Bord in seiner Kabine perfekt aus. Kommt er nicht so recht weiter, dann fährt er wieder hinaus und beobachtet neu. So entstehen großartige Tierporträts; schönere habe ich noch nicht gesehen.

»Du, Conrad, ich werde ein Buch über die Expeditionen der ›World Discoverer‹ und der ›Society Explorer‹ herausgeben, einen Bildband, verstehst du? Dahinein gehören auch deine Kunstwerke, die schönsten jedenfalls.«

»Das ist o. k., komm heute abend zu mir, ich wohne gleich neben euch, dann suchen wir Zeichnungen aus. Ich hab' eine ganze Mappe voll.«

So ist eine neue Freundschaft entstanden, und zwei Zeichnungen von Conrad, dem Zodiac-Kapitän, Künstler, Weltenbummler und Biologen, sind in diesem Buch – weil sie dazugehören, zum Schiff und zur ganzen Geschichte.

Polnische Wissenschaftler, die hier in aller Bescheidenheit leben, führen uns in eine große Kolonie von Adelie- und Zügelpinguinen. Hunderttausend und mehr mögen es hier sein. Unter dem Kinn trägt der Zügelpinguin ein schmales Band aus schwarzgeränderten Federn; das sieht tatsächlich einem Zügel sehr ähnlich (der Vogel wird aber auch Kehlstreifpinguin genannt). In der Kolonie oben in den Felsen stehen Adelies eng beieinander, schnattern und palavern und stören sich überhaupt nicht an uns Eindringlingen. Einige hundert Pinguine sind ständig auf regelrechten Straßen zum Strand unterwegs. Sie laufen rauf und runter und stolpern zunächst über dicke Treibeisblöcke, die hier in großen Mengen herumliegen. Das Eis liegt wie nach einem Bombenangriff am Strand, und die etwa 30 Zentimeter großen Pinguine haben alle Mühe, dieses Bollwerk aus spiegelglatten Blöcken sicher zu überwinden.

Die Polen bewirten uns mit Kaffee und Kuchen und winken dem Schiff fast sehnsüchtig nach. Wir bereiten uns an Bord auf die Silvesterparty vor und auf die Heimfahrt nach Feuerland.

In der Drakepassage (Drake-Straße) ist oft der Teufel los. Nicht so bei uns; das stürmischste Meer der Welt ist so ruhig, daß nicht einmal das Whiskyglas vom Tisch rutscht. Ich habe schon vom Kreisverkehr des Wassers um die Antarktis herum erzählt. Und diese gewaltige Wasserstraße verengt sich in der nur 500 Seemeilen breiten Drakepassage. Dazu fließen hier die Wassermassen des Pazifik mit denen des Atlantischen Ozeans zusammen. Die vorherrschenden

Nicht immer beeindrucken Eisberge alleine durch ihre Größe. Hier sind es die leuchtenden Farben. Je älter das Eis ist, das heißt je stärker es gepreßt wurde, desto blauer und intensiver wird die Farbe des Eises.

Eine besonders schöne Weddellrobbe; ein Seehund, der vornehmlich auf dem Eis zu Hause ist. Sein Haarkleid ist auffällig silber gefleckt. Weddellrobben werden bis zu 3 m lang und bis zu 400 kg schwer. Die Robbe wurde nach dem britischen Robbenjäger und Forscher James Weddell benannt.

Westwinde verursachen hohe Seen, die ungehindert in den südlichen Ozean rollen.

Sir Francis Drake war einer der ersten, der Bekanntschaft mit der gewaltigen Kraft eines Kap-Horn-Sturmes machte. Als er im Jahre 1578 Magellans Reise vom Kap Virgin zum Kap Pillar nachvollzog, segelte er nach eigener Beschreibung in einen »rasenden Pazifik«. Sein Schiff, die »Golden Hind«, wurde weit südlich verdriftet, und Drake suchte Schutz zwischen den Inseln nahe dem Horn. Nach einer Ruhepause, in der das Schiff repariert wurde, segelte er nordwärts, möglicherweise nach New Albion oder sogar nach Kalifornien.

Über die legendäre Drakepassage berichtet uns Kapitän Aye: »Mit der ›World Discoverer‹ haben wir seit Indienststellung 1977 bis heute ungefähr 65 Antarktisreisen mit der entsprechenden Anzahl von Drakepassagen gemacht und festgestellt, daß wir in den arktischen Sommermonaten bei ca. 55 bis 65 Prozent der Passagen ruhige bis mäßig bewegte See und Dünung antrafen. Um den antarktischen Kontinent ziehen nur Tiefdruckgebiete mit einer Geschwindigkeit von 15 bis 30 Knoten, niemals aber Hochdruckzonen. Mit etwas Glück unternimmt man eine Drakepassage genau zwischen zwei Tiefdruckgebieten und durchfährt die Passage von 440 Seemeilen (kürzester Weg) in 35 Stunden mit guten See- und Wetterverhältnissen. Ca. 40 Prozent der Drakepassage werden von Windstärken 6 bis 9 Beaufort begleitet. Die ›bekannten‹ Starkwindstärken 9 bis 12 Beaufort werden in den antarktischen Sommermonaten nur selten angetroffen.«

Was bleibt zu tun an einem grauen Tag in der Passage nach all den großen Eindrücken und Erlebnissen? Auf dem Programm steht ein Vortrag von Dr. Wolfgang Fischer. Nichts wie hin, denn an Deck ist es ungemütlich und naß. Hören wir also Wolfgang zu; es ist sein letzter Vortrag auf dieser Reise: »Die Küsten des antarktischen Kontinents und die ihn umgebenden Meeresteile beherbergen eines der empfindlichsten und zerbrechlichsten Ökosysteme der Welt. Besonders empfindlich sind die wenigen Pflanzen, die man an den Küsten finden kann: Ein Fußtritt auf einem dünnen Moospolster hinterläßt einen Abdruck, der zwanzig Jahre lang bleibt. Das Wachstum ist unter den harten Bedingungen extrem verlangsamt. Aber auch die reiche Tierwelt ist ständig in Gefahr. Die politische Entwicklung der letzten Jahre beinhaltet auch die Gefahr einer nachhaltigen Zerstörung der gesamten antarktischen Ökologie.

Der 1959 geschlossene Antarktisvertrag hat bislang dafür gesorgt, daß die Antarktis ihre Unberührtheit weitgehend erhalten hat. Einige Tierarten haben sich in den letzten Jahrzehnten von den Schlächtereien der Robbenfänger erholen können. Das von 38 Ländern unterzeichnete Vertragswerk regelt die Nutzung des weißen Kontinents für ›wissenschaftliche und friedliche Aktivitäten‹. Für den Zeitraum der Gültigkeit des Vertragswerkes gehört die Antarktis niemandem – alle Gebietsansprüche wurden eingefroren. Einige Länder aber machen dennoch ihre angeblichen Forderungen geltend: Argentinien, Australien, Chile, Frankreich, Norwegen, Neuseeland und Großbritannien. Chile und Argentinien haben zur Untermauerung dieser Ansprüche vertragswidrig ganze Familien auf Forschungsstationen angesiedelt. Trotzdem: Bislang wurde die weiße Wüste fast ausschließlich für die Forschung genutzt.

Der große Wettlauf um den weißen Kontinent hat dennoch begonnen. Inzwischen unterhalten dort 18 Länder über 60 Forschungsstationen; im antarktischen Sommer leben dort über 3000 Menschen.

Der ›run‹ auf die Antarktis ist eine Folge der politischen Entwicklung. Durch die weltweite Rohstoff- und Energieverknappung zeichnet sich auch in der Antarktis ein hemmungsloser Wettlauf um die Bodenschätze und biologischen Reserven ab. Seit einigen Jahren laufen Verhandlungen der Vertragsländer, die eine Regelung der wirtschaftlichen Nutzung zum Ziel haben. Die Gespräche wurden erforderlich, weil der Antarktisvertrag 1991 abläuft. Vorläufiges Ergebnis: CRAMRA, eine Konvention, die den wirtschaftlichen Zugriff auf die mineralischen Vorkommen regeln soll. Umweltschützer und Wissenschaftler fürchten, daß der weiße Kontinent nachhaltig zerstört werden könnte, wenn es zu einer wirtschaftlichen Nutzung kommt. Als Temperaturregulator und Wetterbrücke spielt die Antarktis eine globale Rolle. Gleichzeitig könnte eine Verschmutzung der riesigen Eisflächen zum Abschmelzen der Polkappen führen – eine globale Erhöhung des Wasserspiegels der Meere wäre die katastrophale Folge. Trotz einiger Abkommen sind Fisch- und Krillbestände der Antarktis in den vergangenen Jahren bereits überfischt worden; die Walbestände nehmen weiter ab. Zum Glück haben einige Abkommen die Tiere des Festlandes nachhaltig schützen können.

Die fehlende Müllentsorgung ist bereits das erste Anzeichen einer Schädigung der Antarktis und eine Gefährdung der Tierwelt. Alle Stationen haben ihren Müll bislang im Schnee liegenlassen oder ins Meer ›verklappt‹. Erst neuerdings sind einige Länder dazu übergegangen, den Abfall wieder mit in die Heimat zu nehmen. Eine Bananenschale braucht in der Antarktis immerhin 40 Jahre, um sich zu zersetzen. Beim Bau eines Flugplatzes wurden ganze Pinguinkolonien vernichtet und viele Tiere getötet. Daß Ölunfälle die antarktische Tierwelt zunehmend gefährden, zeigen die Geschehnisse der letzten Jahre.

(Im Januar 1989 rammte das argentinische Versorgungsschiff ›Bahia Paraiso‹ in der Nähe von Almirante Brown einen Felsen und sank binnen drei Tagen mit einer knappen Million Liter Dieselöl auf den Grund. Da liegt es heute noch, d. V.)

Noch ging das glimpflich aus. Aber die Gefahr besteht nach wie vor: Öl baut sich in den kalten antarktischen Gewässern so gut wie gar nicht ab und schädigt über Jahrzehnte die Umwelt. Auch die Abgase aus den Generatoren der Forschungsstationen beeinträchtigen die nähere Umgebung. Die Zukunft der Antarktis ist noch ungewiß – die ersten Schäden sind aber bereits spürbar. Die nahe Zukunft wird entscheiden, ob das letzte Paradies dieser Erde erhalten werden kann.«

Und dann stehe ich an der Bar, zusammen mit dem Kapitän.

»Morgen noch Kap Horn, dann ist die Fahrt geschafft. Ich gehe mit neuen Passagieren wieder ›runter‹; ich freue mich drauf. Aber ebenso freue ich mich auf den Sommer, auf unseren Sommer, da fahre ich die ›Society Explorer‹. Klein und gemütlich. Indonesien. Das ist was für Sie, 13 000 Inseln. Da muß ein Fotograf gewesen sein.«

»Klingt toll! Trinken wir auf Indonesien, auf die Inseln!«

Renate kneift mich am Arm: »Dieses Meer und dieses Schiff, da kannst du ohne Unterbrechung in der ganzen Welt herumschippern. Stell dir vor, 13 000 Inseln!« Und schon träumen wir von der nächsten Reise.

Indonesien

13677 Trauminseln

Wer zählt die Inseln, nennt die Namen? So möchte ich Schillers Worte aus »Die Kraniche des Ibykus« abwandeln für ein Land, das jeder echte Weltenbummler kennt und liebt und doch nie ganz gesehen hat. Wie sollte er auch, für 13677 Trauminseln ist ein Menschenleben zu kurz. Aber zwei Dutzend Inseln, abseits normaler Touristenrouten, wollen wir uns ansehen.

Moyo, Satonda, Sogori, Kabaena, Bingkudu, Cowocowo, Lucipara, Tuwo Tuwu – das sind Inselnamen, die in den üblichen bunten Reiseprospekten Indonesiens fehlen – weil sie alle hinter dem Horizont liegen und noch nie oder ganz selten von Fremden besucht wurden.

Indonesien stellt mit seinen fast 14000 großen, kleinen und winzigen Inseln die Verbindung zwischen Asien und Australien her; es ist der größte Inselstaat der Welt. Seine Staatsgrenzen umfassen 9 Millionen km^2 Land- und Wasserfläche. Sieben Zehntel der indonesischen Landfläche entfallen auf die vier großen Sundainseln Kalimantan (früher Borneo), Sumatra, Sulawesi (früher Celebes) und Java mit der Hauptstadt Jakarta. Zwei Zehntel umfassen die kleinen Sundainseln und die Molukken, und nur die restlichen zehn Prozent bilden die vielen tausend Inseln. Vor seiner Unabhängigkeit im Jahre 1949 hieß das Land »Niederländisch-Ostindien«.

Aber wer auf Sogori oder Lucipara weiß schon, daß Jakarta seine Hauptstadt ist und wo sie genau liegt. Das ist für diese Menschen auch völlig unwichtig, solange ihre Boote ausreichend Fisch heimbringen und die Kokosnüsse unter der Sonne reifen.

Im balinesischen Hafen Benoa wird unsere Fahrt mit der »Society Explorer« zu den unbekannten Inseln beginnen. Das rotweiße Expeditionsschiff ist kleiner als die »World Discoverer«, »nur« 73 Meter lang (Tonnage 2398) – und älter. Eigentlich sieht es gar nicht aus wie ein richtiges Kreuzfahrtschiff, eher wie eine etwas veraltete Privatjacht oder – und das wird durch die leuchtend rote Farbe noch unterstrichen – wie ein kleines Forschungsschiff irgendeines Entwicklungslandes. Mancher Kreuzfahrer, der die schwimmende Luxusstadt »MS Europa«, den Russenliner »Maxim Gorkij« oder andere große »Dampfer« gewohnt ist, wird beim Anblick dieses kleinen roten Schiffes verächtlich die Nase rümpfen und denken: ohne mich! Keine Ahnung haben solche Menschen oder Unmenschen. Insider wissen dagegen, daß die »Society Explorer« längst eine Legende auf den Weltmeeren ist, und jeder ehemalige Passagier, der von den Gerüchten hört, daß die »Society Explorer« wegen unrentabler Passagen aus dem Verkehr gezogen werden soll, ist traurig gestimmt und weint diesem liebenswerten Schiff eine dicke Träne nach. Die »Society Explorer« wurde vor 30 Jahren von Lars-Eric Lindblad erträumt und in einer finnischen Werft gebaut. Im Dezember 1969 trat die damalige »Lindblad Explorer« ihre Jungfernreise an und schrieb Expeditionsgeschichte: Nie fuhr ein Passagierschiff

Eingeborener Reiter auf der nur wenig besuchten Insel Sawu in seiner traditionellen Ikat-Tracht. Die Bewohner Sawus führen heute noch ihre alten Kampfspiele auf den kleinen und doch so zähen Sandelholzpferden vor, bei denen sich die buntgekleidete Schar mit Lanzen auf ungesattelten Pferden bekriegt.

weiter nord- und südwärts. Die »Society Explorer« war das erste Kreuzfahrtschiff im Asmat-Gebiet Indonesiens und auf der Nordwestpassage. Für diese exponierten Routen taugte nur ein kleines, sehr wendiges Schiff mit geringem Tiefgang. So exklusiv und legendär wie die Fahrtrouten waren auch die Passagiere auf dem kleinen Schiff: Zu ihnen gehörten Jacques Cousteau ebenso wie Sir Peter Scott und Sherpa Tenzing Norgay. Reinhold Messner war ebenso an Bord wie der ARD-Weltenbummler Hardy Krüger. Die Namen aller prominenten Passagiere würden viele Seiten füllen. Schon einmal glaubten die echten Weltenbummler, ihr legendäres kleines rotes Schiff sei verloren; wegrationalisiert am Schreibtisch der kühl rechnenden Reeder. Lars-Eric Lindblad, der Pionier von Expeditionskreuzfahrten, mußte aufgeben. 1985 kaufte Heiko Klein das Schiff für die Bremer »Discoverer«-Reederei. Er ließ es völlig umbauen und vor allem modernisieren. Mit dem Verkauf wechselte auch der Name, aus der »Lindblad Explorer« wurde die »Society Explorer«.

Der eisbrechende Rumpf bahnt dem Schiff fast jeden Weg durch die extremen Packeiszonen der Erde, und das moderne Bugstrahlruder erlaubt ihm die ideale Manövrierfähigkeit auf engsten Ankerplätzen, in kleinen Buchten und zwischen Korallengärten.

Ein Restaurant, die Explorer-Lounge, eine Geschenkboutique, ein Vortragsraum, eine Bibliothek, Sauna, Swimmingpool und selbstverständlich das modernste Satelliten-Kommunikationssystem mit Telex, Telegraf, Telefax und Telefon gehören neben den Kabinen und Suiten für knapp 100 Passagiere zum Schiff und machen die rote »Society Explorer« heute zu einem richtigen Luxusliner für Individualisten.

Was uns Passagieren dieses Schiff so nahebringt, ist die familiäre Atmosphäre, die Übersichtlichkeit, die offene Brücke. Schon nach wenigen Tagen kennst du jeden Passagier, alle Offiziere und Staff-Mitglieder sowie die Crew. Jeder an Bord hat Zeit für ein Gespräch und beantwortet auch dumme Fragen. Ein Gewinde in meinem Fotostativ ist durch zuviel Salzwasser blockiert; der Chief-Engineer Harald Hofmann kümmert sich persönlich drum und macht es mit technischer Vaseline wieder gangbar. Beim Sprung in ein Zodiac reißt der Handgriff von meinem Fotokoffer ab. Sabino, verantwortlich für die Zodiac-Außenbordmotoren, schraubt mir einen neuen Griff an die Alukiste, der sicher halten wird, bis ich in Rente gehe. Für einen Bordvortrag muß ich Tonbänder und Kassetten überspielen – absolut kein Problem für Harry in der Bar. Und wenn ich dem Kapitän sage, jetzt sei das Licht besonders günstig und die Wolken hinter dem Schiff effektvoll, dann läßt er ein Zodiac zu Wasser und fährt mich auch schon mal persönlich zu meinem »Traumstandpunkt«. Und am Abend findet jeder Fahrgast eine kleine Tafel Schokolade als Betthupferl auf seinem Kopfkissen. Ich bekam immer drei oder mehr, denn ich brauchte sie für die Kinder auf den Inseln, die sich nach einem solchem »Zuckerl« gerne fotografieren ließen. Ich hatte mich deshalb sehr bald mit der Chefkabinenstewardeß Gaby verbündet. Alle diese Dinge sind es, die die »Society Explorer« so liebenswert, die Reise so persönlich machen. Auf großen Kreuzfahrtschiffen ist für solche Wünsche und Nöte keine Zeit. So etwas rechnet sich nicht! Nein, Insider lieben das kleine rote Schiff wie ihr eigenes Zuhause!

Aber noch sind wir gar nicht an Bord. Die Reise zu den unbekannten Inseln Indonesiens beginnt in Bali – und das ist bereits ein Fotografentraum. Renate und ich sind einige Tage früher angereist; wir wünschen uns einfach Zeit für diese Insel voller Wunder. Ganz Bali ist ein einziges Fest für die Augen, da spielt die grüne Landschaft ebenso mit wie die Menschen – und vor allem die heiteren oder auch zornigen Götter. Ich habe den Eindruck, auf Bali leben nur Künstler; sie tanzen, malen, schnitzen, musizieren oder spielen Theater. Zwischen Mensch und Natur, zwischen Göttern und Dämonen gibt es eine unglaubliche Ausgewogenheit, die den Beobachter aus dem nüchternen Westen verblüfft und irritiert. Fast neidisch erleben wir die tiefe Frömmigkeit und die kindliche Fröhlichkeit, selbst bei der Totenverbrennung. Ja, alle Menschen sind hier Künstler und ebenso Lebenskünstler, und die lieblich grünen Landschaften sind ebenfalls Kunstwerke der Natur. Zwischen Himmel und Erde taumeln grellbunte Schmetterlinge, Käfer und exotische Vögel vor roten Hibiskusblüten, feurigen Weihnachtssternen und violettleuchtender Bougainvillea.

Die gastfreundlichen Menschen lächeln und schmücken ihre steinernen Götter täglich mit frischen Blumen. Der Taxifahrer zündet vor Fahrtantritt ein Räucherstäbchen an und stürzt sich dann erst in den chaotischen Verkehr von Denpasar. Das Räucherstäbchen schützt ihn vor jedem Unfall. Am Strand von Sanur sitze ich noch keine Minute mit Renate im Schatten von Palmen, da kommt Susi:

»You want massage?«

»Not now, thank you!«

»Ah, deutsch? Später vielleicht Massage?«

»Ja, später vielleicht.«

Susi wendet sich dem nächsten Strandgast zu, da spricht uns ein fliegender Händler an:

»You want Rolex, very cheap! I give you special price!«

»Antworte nicht«, meint Renate, »sonst werden wir ihn nicht mehr los.«

Ich möchte mir die Rolex ansehen und nehme eine glänzende, goldene Uhr aus dem hingehaltenen Kästchen.

»Only 50 Dollars for you«, flüstert der Mann fast geheimnisvoll.

»Das ist keine echte Rolex, das ist eine billige Imitation aus Taiwan!«

»Richtig, aber sie ist viel besser als eine echte Rolex. Eine richtige Rolex ist viel zu teuer. 50 Dollar ist billig – ich mache einen Spezialpreis für Deutsche!«

»Schick ihn weiter, damit wir Ruhe haben«, drängt Renate. Der Händler nimmt mir die Uhr aus der Hand, sieht mir lachend in die Augen, zeigt mit dem Daumen auf Renate und brummt: »Mama nix gut!«

Schon ist Susi wieder da:

»Vielleicht jetzt Massage?«

»Ja, jetzt, damit wir endlich Ruhe haben!«

Wir kaufen auch keine Omega und keinen Drachen, keine Puppen, keine Batik und keine Schnitzereien. Susis Massage rettet uns für 60 Minuten. Dann kommt Prana an den Strand und freut sich, uns gefunden zu haben. Prana ist unser Freund aus Denpasar, er wird uns in seinem Auto Bali zeigen. Nicht die Touristenzentren, die sich auf Sanur-Beach und Kuta-Beach konzentrieren, sondern sein echtes Bali, ohne Rolex- und Omega-Uhren made in Taiwan.

Kaum haben wir die belebten Küstenstraßen verlassen, führt unsere Fahrt durch leuchtend grüne Reisterrassen in Kurven und Serpentinen hinauf in die Berge, durch kleine Dörfer, in denen es mehr Tempel als Wohnhäuser gibt. Und schon überholen wir eine farbenprächtige Prozession. Erntedank wird hier gefeiert. Da tragen festlich gekleidete Frauen im Sarong riesige Türme mit bunten Früchten auf dem Kopf vom Dorf zum nahen Tempel. Vorne die Musikkapelle, dann die Lastenträger (so ein Früchteturm ist bis zu 15 kg schwer), und hinter ihnen tanzende und singende Menschen, junge und alte. Wir überholen den bunten, fröhlichen Zug und bemerken, daß die schwer tragenden Frauen von Männern gestützt werden. Die Frauen blicken fast wild in die Runde und drohen jeden Moment umzufallen. Sie sind in Trance – eins mit ihren Göttern. Wir fahren weiter zum nahen Tempel und halten. Kein Fremder, kein Tourist ist hier außer uns.

Auch ich darf nur den Tempelbezirk im Sarong mit weißer Schärpe betreten. Prana hat an alles gedacht und mich entsprechend gekleidet. Ich trete ein und werde von einem Priester dreimal mit heiligem Wasser besprengt. Jetzt kommt auch der Erntedankzug in den Tempel. Die beiden Frauen sind schweißgebadet und haben Schaum in ihren Mundwinkeln. Kräftige Männer führen sie zum Altar, zum Priester. Dort brechen die Frauen erregt und völlig abwesend zusammen. Sie zucken, winden sich – Trommeln werden geschlagen, und braune Männerarme fangen die Opfergaben, um sie auf den Altar zu legen. Dann kümmern sie sich um die in Trance zuckenden Frauen, stechen ihnen Nadeln in Arme und Oberkörper und holen sie so zurück aus der Welt der Götter in die Welt der Menschen. Die Frauen beruhigen sich schnell; man kühlt ihre Gesichter und wischt den Schweiß ab. Sie sind »zurück«!

Nicht alle Menschen des fröhlichen Festzuges sind in den Tempelbezirk gekommen. Unreine Balinesen müssen draußenbleiben, und unrein sind alle, die einen Todesfall in der Familie zu beklagen haben, und ebenso Frauen während ihrer Periode.

Vieles in Bali ist für uns unverständlich, wird immer unverständlich bleiben. Dazu gehört der Trancezustand, der tatsächlich nicht für zahlende und gaffende Touristen gespielt wird, sondern echt ist. Wir haben erlebt, wie Männer in Trance barfuß über glühende Kohlen

Nach Kult- und Kriegstänzen im kleinen Dorf Kawaliwu auf der Insel Flores gelingt es mir wenige Minuten vor Sonnenuntergang, dieses eindrucksvolle Gruppenbild inmitten großartiger Urwaldkulisse zu stellen. Auch hier tragen die Männer und Frauen selbstgewebte Ikats; das Ikatmuster wird schon beim Färben der Wolle vorbereitet. Mehrere Wollfäden werden dabei zusammengefaßt und mit farbabweisenden Fasern abgebunden. Dann wird die Wolle in das Farbbad getaucht. Bei verschiedenen Techniken werden entweder die Kett- oder die Schußfäden oder sogar beide Garne eingefärbt. Nach dem Trocknen in der Sonne müssen die Kettfäden sorgfältig auf den Rahmen gebracht werden.

tanzten, ohne sich zu verbrennen. Es ist falsch, in Bali ständig zu fragen: Wie machen die das, wie kommt das, warum ist das so? Reise nach Bali und staune!

Prana weiß, wo es heute eine Totenverbrennung gibt, und führt uns hin. Stören wir da vielleicht ein recht intimes Trauerfest, sollen wir die Kamera nicht lieber im Auto lassen und das Geschehen still aus der Ferne beobachten? Nein, auf Bali ist alles anders!

Die Teilnehmer der Totenverbrennung scherzen und lachen, sie sind fröhlich und ausgelassen wie die Deutschen bei einem Karnevalszug, denn heute wird die Totenseele endlich befreit. Außerdem ist der eigentliche Schmerz über den Verlust eines nahestehenden Menschen oft schon verflogen, denn der Tote ist in den meisten Fällen schon vor Wochen oder gar vor Monaten gestorben. Zur Verbrennung kommt es erst, wenn die Angehörigen das notwendige Geld für die Zeremonie zusammengespart haben. In einem gewaltig hohen Holzturm wird der Sarg mit dem Toten zur Verbrennungsstätte getragen. Dabei wird fröhlich getanzt und Gamelanmusik gespielt. Der Verbrennungsplatz, eine Wiese unter Palmen, gleicht einem Festplatz. Da wird Coca Cola verkauft, Früchte und Blumengebinde werden verteilt. Endlich steht der Turm aus Bambus neben dem Verbrennungsgerüst. Der Sarg mit dem Leichnam wird von Familienangehörigen aus dem Turm gezogen und zur Totenverbrennung über einem Gasgebläse postiert. Jetzt geht der unrein gewordene Transportturm in Flammen auf. Es knistert und qualmt und zischt, ich traue mich dicht an das Flammenmeer heran. Ich hebe die Kamera, da greift eine balinesische Hand meine Schulter.

»Möchtest du ein gutes Bild machen? Warte eine halbe Minute und paß auf!«

Der junge Mann, Sohn des Verstorbenen, holt einen Liter Benzin und schüttet ihn zusätzlich in die Glut.

»Jetzt mußt du fotografieren, jetzt ist es richtig!«

Der ganze Bambusturm scheint zu explodieren. Der junge Mann schiebt mich lachend hinüber zu seinem toten Vater, dessen Umrisse jetzt deutlich in den lodernden Flammen zu erkennen sind.

»Warte, ich hole neues Benzin!«

»Nein danke, bitte nicht. So reicht es. So dicht wollte ich gar nicht herankommen!«

Es knistert und riecht übel, das brennende Gas zischt unter dem toten Körper. Auch Prana lacht und sieht unsere etwas verwirrten Gesichter.

»Ihr müßt das verstehen: Die Verbrennung ist eine fröhliche Zeremonie. Die Seele des Mannes ist endlich frei und findet ihren Weg zu den Göttern! Kommt, fahren wir heim nach Sanur.«

Glückliches Bali, in dem die Menschen in solcher Eintracht mit den Göttern leben! Mit ihren Göttern ja, mit ihren Tieren nicht!

Über hundert Nationen haben das Washingtoner Artenschutzabkommen unterschrieben, um so das Leben seltener Tiere zu retten. Bali hat bis heute nicht unterschrieben, und die uneinsichtigen Fischer metzeln jährlich auf der Trauminsel rund 30000 Meeresschildkröten grausam, brutal und völlig sinnlos nieder. Das Fleisch wird nach Japan exportiert, wo es zu Hundefutter verarbeitet wird. Für die aus dem Mutterleib herausgeschnittenen Eier zahlen japanische Männer wahre Vermögen, denn sie glauben an eine potenzsteigernde Wirkung.

Aus der gegerbten Haut entstehen Hand- und Brieftaschen oder auch Damenschuhe. Der Rückenpanzer wird oft zu dekorativen, sonst aber unbrauchbaren Gitarren verarbeitet. Bis zu zehntausend DM bringt alleine ein Kilo Schildpatt, das ist die nur wenige Millimeter dicke oberste Schicht des Schildkrötenpanzers; drei bis vier Schildkröten müssen dafür ihr Leben lassen. Ohne das erwähnte Artenschutzabkommen wären Riesenschildkröten weltweit längst ausgestorben – aber auf Bali wird es noch lange dauern, bis hier Vernunft und Einsicht siegen, denn auf der Insel leben ganze Familien, vom Kleinkind bis zum Großvater, ausschließlich von diesem verwerflichen Geschäft.

»Es stünde um die Schildkröten längst besser, wenn die Touristen nicht alles kaufen und heimschleppen würden«, erzählt uns Prana zu diesem traurigen Kapitel. »Sind denn die Besucher nicht aufgeklärt, daß sie Schildkrötenprodukte in den meisten Ländern gar nicht einführen dürfen?«

Der deutsche Tierschützer Peter Weber rät zu einem Touristenboykott, solange auf Bali Schildkröten getötet werden, denn – so sagt er –: »Mit

Tourismus ist langfristig wesentlich mehr Geld zu verdienen als mit Schildkröten!«

Ich glaube dagegen, der bessere und sichere Weg ist die schonungslose Aufklärung der Balinesen und der Balibesucher. Boykottieren sollten wir nicht nur alle Schildkrötenprodukte, sondern auch alle Geschäfte, die solche Produkte anbieten. Das Thema würde sich rasch von selbst erledigen, und die Meeresschildkröten blieben erhalten, nicht zuletzt zur Freude von Tauchern, Schnorchlern und Tierschützern. Viele Besucher verbinden mit dem Wort Bali ein besonders harmonisches Verhältnis zwischen Menschen und Göttern, zwischen Umwelt und Kosmos. Das trifft in vielen Bereichen auch zu, der Makel Schildkrötentod müßte allerdings schnell und gründlich beseitigt werden. Die Schuld an diesem Makel trifft allerdings beide Seiten; den Verkäufer ebenso wie den Käufer. Und Käufer sind in erster Linie wir Touristen!

Prana fährt uns in den Hafen von Benoa zu unserer »Society Explorer«. Da liegt sie an der Pier mit ihrem karminroten Rumpf und den leuchtend weißen Aufbauten, durch dicke Trossen gut gesichert. Tony Berg begrüßt uns herzlich, wir kennen ihn und viele andere Staff- und Crewmitglieder von der »World Discoverer«. Das ist ein fröhliches Wiedersehen mit kräftigem Händeschütteln, vielen Umarmungen und Fragen nach der antarktischen Fotoausbeute. Obwohl das kleine Schiff für Renate und mich neu ist, sind wir doch sofort zu Hause! Natürlich gibt es auch viele neue Gesichter. Dazu gehören Mike Messick aus Seattle, der junge und sympathische Expeditionsleiter für Indonesien, und alle Lektoren. Der prominenteste ist sicher Tobias Schneebaum, Direktor für Forschung und Dokumentation am »Agats Museum of Culture and Progress« in Agats, Irian Jaya, und Buchautor aus New York. Dann ist da Charles Wheatley vom »Sea World Research Institut/Hubbs Marine Research Center« in San Diego. Charles ist Meeresbiologe und Ozeanograph und hier an Bord für alles verantwortlich, was sich unter Wasser abspielt – und das ist in der Inselwelt Indonesiens sehr viel. Auf Anhieb scheinen uns die Brüder Lawrence und Lorne Blair aus Bali die interessantesten Lektoren dieser Reise zu sein. Die beiden »exotischen« Engländer haben gemeinsam den dreiteiligen BBC-Film »Ring of Fire« gedreht und das gleichnamige Buch geschrieben. Sie sind echte Abenteurer und fundierte Kenner »ihrer« Inselwelt – außerdem großartige Gesprächspartner.

Bereits vor dem Auslaufen hocken wir alle wie gute Freunde bei einem Drink in der Lounge und schwatzen über uns, die schöne Welt und natürlich über Indonesien, als wären wir schon jahrelang miteinander unterwegs. Nachnamen und akademische Grade sind uninteressant. Wir nennen uns beim Vornamen und beurteilen den Gesprächspartner nach seinem Fachwissen und seinen Reiseerfahrungen – so ist das unter Weltenbummlern, die sich auf diesen Schiffen treffen, um gemeinsam dem »Laster Fernweh« nachzugehen. Und plötzlich ist auch der Kapitän mitten unter uns, jener Kapitän vom kleinen bayerischen Binnenmeer Chiemsee: Heinz Aye.

Mit der sinkenden Sonne legen wir ab, mit Hilfe eines balinesischen Lotsen. Aus lauter Sympathie zu unserer »Society Explorer« hat der Lotse sein Boot in gleicher roter Farbe – gewissermaßen im Partnerlook – gestrichen. Nach einer Stunde verabschiedet er sich von der Brücke und turnt bei starker Dünung auf sein rotes Lotsenboot zurück. Kapitän Aye schenkt ihm zum Abschied einen neuen Eimer mit roter Farbe.

»Das mache ich, seit wir uns kennen, hier ist Schiffsfarbe sehr teuer und nicht immer zu finden. Solange unsere ›Society Explorer‹ durch indonesische Gewässer fährt, wird sein Lotsenboot ebenso rot leuchten wie unser Expeditionsschiff!«

»Repeater« – so nennen sich hier an Bord die »Wiederholer« – reden und handeln wie erfahrene Seefahrer. So weiß ich, zu wem ich rasch Kontakte knüpfen muß. Sicher zu Mike, mit dem ich, zusammen mit Renate, eine gute Flasche Rotwein leere. Als Expeditionsleiter ist er auch für die Einteilung der Zodiacflotte verantwortlich, und da habe ich als engagierter Fotograf ständig Sonderwünsche: Ich brauche möglichst ein eigenes »Fotografenboot« und an Land ein »Fotografenauto«, das dorthin fährt und hält, wo die schönsten Motive im richtigen Licht leuchten, statt bei dem zu großen Haupttrupp zu bleiben, der von den Lektoren geführt und betreut wird. Da wird zwar viel Wissenswertes und auch Interessantes vermittelt, aber als Fotograf ist es oft gar nicht möglich, ständig zuzuhören. In Gedanken werden immer nur Bilder gesehen und gestaltet, Filme und Objektive gewechselt, wird das Stativ aufgebaut. Wie gut, daß wir Fotografen Fragen auch später an der Bar stellen können oder beim täglichen »Recap«. Mike hat schon verstanden und verspricht, sein Bestes zu tun. Ebenso kooperativ ist die Zusammenarbeit mit Kapitän Aye und seinen Offizieren. Auch Uwe Bunsen ist wieder als »Erster« mit dabei und hilft uns Fotografen – obwohl wir sicher vielen Passagieren auf den Keks gehen –, wo er nur kann. Verständnis von allen erleben wir selten bei der Arbeit vor Ort, dafür aber später im Vortragssaal, in dem ich meine Bilder zeige und kommentiere.

Wie anders ist doch die Kreuzfahrt durch Indonesien im Vergleich mit der Antarktisreise! Da stehen wir in sternenklarer Nacht oben auf dem Deck und suchen mit unseren Augen den unsichtbaren Horizont. Die Dieselmotoren stampfen monoton, das Meer schwingt in leichter Dünung, die Luft ist warm und würzig, aus der Lounge dringen Musikfetzen herauf. Über Backbord steht das Kreuz des Südens, der Große Bär leuchtet an Steuerbord, und voraus strahlt Jupiter in ganz besonderem südlichen Glanz. Diese Reise ist eine gute Mischung aus Expedition und Erholung an tropischen Stränden und im türkisgrünen, geradezu magisch anziehenden Wasser des Indischen Ozeans. Träumen und erkunden, sehen und die Augen schließen, lesen, hören, plaudern – und weiterträumen!

Eintauchen in die Unterwasserwelt Indonesiens, durch die Tauchbrille eine neue Dimension unserer ach so schönen Welt erleben und erfahren – sich immer hungriger sehen an den Farben und Formen der Korallen, zwischen denen bunte Fische wie leuchtende Blüten erscheinen. Urlaub und doch Expedition; Inseln und Menschen, die exotisch, faszinierend, liebenswert – einfach menschlich – sind. Wir begrüßen Fremde, verstehen ihre Sprache nicht, sehen aber in gütige Augen und erkennen menschliche Würde auch dort, wo andere von der »Dritten Welt« und von »unterentwickeltem Leben« sprechen. Was ist unterentwickeltes Leben überhaupt? Kein Telefon, kein Computer, kein Auto? Nein, diese Menschen lachen mehr als wir, sie sind fröhlich, ihre Augen strahlen. Das kann doch nicht »unterentwickelt« sein.

Eine Reise durch diese Inseln ist eine Begegnung mit Menschen, die noch unverdorben sind, nicht »unzivilisiert«, die so weit von unserer Alltagszivilisation entfernt sind, daß sie noch herzhaft lachen können. Auch über Kleinigkeiten. In großer Natur sind die Menschen einfach »natürlich« geblieben. Und das alles erlebst und begreifst du unter einem unendlich weiten Himmel, unter einer zwölf Stunden lang strahlenden Sonne, in sternenhellen, warmen Nächten, umgeben von einem azurblauen oder, wenn Korallen da sind, türkisgrünen Meer.

173 Staaten gibt es auf unserer Erde, 50 von ihnen führen zur Zeit blutige Kriege gegeneinander. Zwischen diesen Inseln, weit weg von allen Brennpunkten, siehst du die Kriege nicht, hörst du nichts von dem Schlachtenlärm der »Zivilisation«. Ist hier das Paradies? Wir können nur schwer abschalten und wirklich träumen. Abend für Abend kommen Passagiere auf das Pooldeck und drehen eifrig und fast gierig an ihren winzigen Sony-Weltempfängern, während sie kurze Antennen ausfahren und gespannt in die Kopfhörer lauschen. Da ist BBC oder die Deutsche Welle – die Nachrichten der Zivilisation erreichen uns auch hier in der mondlosen Nacht am Rande der Südsee: Der seit 25 Jahren andauernde Guerillakrieg in El Salvador hat bereits 145 000 Opfer gekostet. Krieg und Terror im Libanon. Bombenanschlag in Irland. Gemetzel unter Schwarzen in Südafrika und – die »Maxim Gorkij« wurde, mit 955 Menschen an Bord, vor Spitzbergen von einer Eisscholle aufgeschlitzt; Hunderte von Passagieren warten auf dem Eis auf ihre Evakuierung. Ich schalte ab, mein Traum vom Paradies ist ins Wanken geraten.

Moyo heißt eine Insel, die nur aus Sand, Palmen und Sonne zu bestehen scheint. Mädchen stampfen Reis, ihre Gesichter leuchten in grellem Gelb unter einer dicken Puderschicht. Wenige Häuser stehen hier, auf Holzstelzen, und die fremden Menschen winken uns herein. Sauberer Linoleumboden, saubere Hängematten, saubere Mütter und Kinder; letztere strahlen uns aus großen Kulleraugen an. Hühner und Ziegen leben unter dem Haus, im Schatten zwischen den

Ikats sind von Insel zu Insel im Muster und in der Qualität verschieden. Dieser Trommelbub trägt neben der Ikat-Kleidung den typischen Schmuck aus Palmblättern, den die Portugiesen hier eingeführt haben.

Pfählen. Lawrence, Lorne und Tobias wissen viel zu erzählen; uns beeindrucken am meisten die natürliche Gastfreundschaft und die kühle Kokosmilch, die man uns im sauberen Becher reicht. Moyo ist winzig, viel zu klein für Atlanten und Lexika, weit entfernt von unserem Wissen; Moyo liegt hinter dem Horizont.

Wir sind einfach da, sitzen im Schatten, schauen – und werden angeschaut, nicht angegafft. Die kleine Gruppe unseres Schiffes hat sich so verteilt, daß jeder für sich alleine sein kann. Alle paar Minuten fährt ein Shuttlezodiac zurück zur »Society Explorer« oder zum Schnorchelplatz, an dem ein anderes Zodiac mit Charles an Bord vor Anker liegt. Von diesem Boot aus können wir baden, schwimmen, schnorcheln oder auch zusammen mit Mike und den Sauerstoffflaschen der »Society Explorer« tief in die dunkle Wunderwelt des Indischen Ozeans hinuntertauchen. Ich liebe die obere Zone der großartigen Korallengärten, die noch von der im Zenit stehenden Sonne gleißend hell durchflutet wird und die ich ohne technisches Gerät, nur mit Brille und Flossen, leicht erreichen kann. Meine Rolleiflex ist dabei in einem sicheren Unterwassergehäuse untergebracht; alle Kamerafunktionen kann ich sauber und genau von außen bedienen. Eine neue Dimension der Fotografie tut sich für mich auf, und ich beschließe, trotz meiner 50 Lenze noch in diesem Leben den Tauchschein zu machen.

Renate ist keine ausgesprochene Wasserratte und wollte nie ernsthaft schnorcheln gehen. Deshalb hatten wir auf diese Reise zunächst auch nur eine Brille und ein paar Flossen mitgenommen. Auf Bali hatte uns Prana zu den schönsten Korallengärten der Insel geführt. Ich wollte dort mein neues, teures Unterwassergehäuse mit der verhältnismäßig großen Mittelformatkamera ausprobieren. Als ich voller Begeisterung mit meinem ersten unter Wasser belichteten Film auftauchte, wollte Renate nur einmal so durch die Brille nach unten sehen. Sie gab die Brille nicht mehr ab, und schon am nächsten Tag kauften wir auch für sie in Denpasar eine eigene Schnorchelausrüstung. Jetzt ist sie glücklich in einer für uns neuen Welt.

Tausend Blasen steigen aus der schwarzen Tiefe auf und beginnen erst über uns im Sonnenlicht zu funkeln und zu leuchten, während sie tanzend zur Oberfläche drängen. Die Taucher unter uns kommen zurück. Zeit, an Bord zu gehen, zurück auf die »Society Explorer«. Wir lassen das »Recap« diesen Abend aus, dort wird mir zuviel geredet. Wir stehen lieber draußen auf dem Bridge-Deck und schauen schweigend in die letzten Strahlen der glutrot untergehenden Sonne, die uns mehr erzählen als alle Wissenschaft.

Wir besuchen auch völlig unbewohnte Inseln – nur so. Und Schnorchelplätze, die einfach am »Wege« liegen und grün heraufschimmern. Einen »Expeditionstop« nennt man so etwas in unserem Reiseprogramm. Niemand weiß vorher, was es dort zu sehen gibt. Niemand war vorher dort. Kapitän und Expeditionsleiter haben einfach ein Gespür dafür: Hier könnte es interessant sein, hier könnten wir etwas Neues entdecken. Mal sehen, was sich der liebe Gott hier ausgedacht hat. »Expeditionstops« gehören zu den faszinierenden Überraschungen dieser Seereise.

Die Menschen an Bord treffen nach Ausflügen erst am Abend, beim Dinner, an der Bar, beim Vortrag oder bei einem Glas Wein wieder zusammen. Tagsüber sind sie verschwunden; da sind nur das Meer, die Wolken, die Sonne, die Korallen und die Inseln. Die kleine Gruppe der »Society Explorer« verstreut sich; einige sind mit Charles oder Mike unter Wasser verschwunden, andere begleiten Lawrence zu einer Felsenhöhle, aus der unser exotischer Freund und Lektor vor vielen Jahren einen verletzten Bugi gerettet hat, und wieder andere staunen, was Tobias über die Lebensgewohnheiten in einem namenlosen Fischerdorf zu berichten weiß.

Und dann sind wir wieder zusammen, und alle Augen leuchten vom Erleben des Tages. Jeder erzählt drauf los und berichtet Aufregendes vom Tage. Jeder in seiner Muttersprache!

Mit an Bord sind auch Pam und Randy aus Seattle; sie wohnen in der Ownersuite und wollen heiraten. Warum nicht, wenn sie sich doch lieben! Kapitän Aye, mit blauer Hose und weißer Uniformjacke mit vier goldenen Streifen auf den Schulterklappen, wartet in seiner geräumigen Kabine auf das junge Brautpaar. Purser Heidi Stoiber ist auch da. Sie hat alle notwendigen Dokumente vorbereitet. Dann treten sie ein, beide groß und schlank, strahlend und glücklich. Pam trägt ein enges, schulterfreies, indonesisches Ikat-Kleid mit dazupassendem Silberschmuck. Randy kommt in sommerlich heller Kombination mit stahlblauer Krawatte. Mit dem Paar sind auch die Trauzeugen Maya und Dan aus Santa Fé gekommen. Pam und Randy nehmen dem Kapitän gegenüber auf einem Sofa Platz und werden von ihren Trauzeugen flankiert. Der Tisch zwischen Kapitän und Brautleuten ist vornehm blau dekoriert. Darauf stehen, neben der Reedereiflagge, ein Wimpel der Vereinigten Staaten und ein violetter Bougainvilleastrauß in einer weißen Vase; daneben liegt ein goldgelber Busch Reis.

Applaus für das Brautpaar!

Kapitän Aye beginnt, in englischer Sprache, mit der Trauung:

»Ich hoffe und wünsche, daß ihr heute nicht nur durch nüchterne Dokumente, Unterschriften und Zeugen verheiratet werdet, sondern vielmehr noch durch eure echte Zuneigung, durch Liebe, so daß ihr wirklich zu einer festen Lebensgemeinschaft zusammenfindet. In dieser Gemeinschaft sollt ihr schlechte und auch ganz schlechte Zeiten ebenso bestehen wie sonnige Tage. Auch schwerste Stürme sollen euch nicht trennen. Und wenn Gegenwind von draußen kommt, vielleicht sogar von anderen Menschen, dann trotzt ihm als feste Gemeinschaft. Gemeinsam seid ihr stärker als alleine, denkt immer und überall daran.«

Der Kapitän hält inne, und Tobias Schneebaum liest einen kurzen Bibeltext. Jetzt gibt der Kapitän die genaue Schiffsposition bekannt und ruft den Radiooffizier Narciso Lamberte auf der Brücke an:

»Wir haben alle Staaten der Erde über dieses Ereignis informiert und erwarten Antwort. Deshalb frage ich: Ist da aus irgendeiner Weltecke ein Fax oder ein Telex eingetroffen? Vielleicht rufen Kinder nach ihrem Vater oder nach der Mutter?«

»Nein Kapitän, es liegen keine Negativmeldungen gegen die beiden vor. Damit habe ich Ihre Anfrage klar beantwortet.«

Der Kapitän fährt vor lachenden Gesichtern fort:

»Ich habe alle Dokumente von meinem Purser überprüfen lassen, sie sind korrekt. Unser Anker liegt auf indonesischem Grund, aber ihr heiratet nach Recht und Gesetz der Bahama-Inseln, denn unser Schiff ist dort registriert und fährt unter der Bahama-Flagge.

Ich frage dich, Randy, bist du gewillt, Pam zu deiner Frau zu nehmen?«

»Ja!«

»Ich stelle die gleiche Frage an Pam. Bist du gewillt, Randy zu deinem Mann zu nehmen?«

»Ja!«

»Das waren klare Antworten; ich frage nun die beiden Trauzeugen und auch Purser Heidi: Habt ihr die Antworten gehört?«

»Ja!«

»Es ist genau 11.02 Uhr, und seit diesem Moment seid ihr verheiratet. Ich gratuliere! Ihr dürft euch jetzt küssen, dann bin ich als Kapitän dran!

Während ihr euch nun diese beiden Ringe aufsteckt, werden die Unterschriften der Trauzeugen, des Pursers und des Kapitäns auf das Dokument gesetzt. Auch ihr müßt noch unterschreiben. Und jetzt werden wir die frohe Botschaft in die Welt hinaustuten. Ich gebe der Brücke den Befehl zu einem langen Hornsignal!«

Der tiefe Ton ist bis hinunter in die Kapitänskabine zu hören, schallt weit hinaus auf den sonnendurchtränkten Ozean. Der Kapitän überreicht dem jungvermählten Paar die »Society Explorer« als Buddelschiff in einer Whiskyflasche, und von der Crew folgt ein indonesisches Paddel mit allen Unterschriften und dem Wunsch »Happy, happy sailing all the time«.

»Und jetzt«, so fährt der Kapitän fort, »bitte ich euch um die Kostenerstattung. Es ist meine sechste Trauung an Bord, und die kostet euch 66 Dollar. Die erste hat nur 11 Dollar gekostet, die siebente wird 77 Dollar kosten. Das Geld fließt in die Crewkasse.

And now, Mr. Weyer: picture, picture, picture!«

Der Chief-Engineer Harald Hofmann und der Hotelmanager John Dimmock kommen. Wir alle gratulieren. Champagner wird gereicht.

Danach ist die Zeremonie beendet. Noch rasch ein Gruppenbild draußen an Deck. Der Kapitän gibt erst am Abend die Hochzeit feierlich vor allen Passagieren bekannt. Tanzmusik für das junge Paar und Champagner für alle – so schnell und einfach geht das alles hier auf hoher See!

Mädchenporträt auf Sogori-Island (gehört zur Kabaena-Gruppe). Diese winzige Insel, umgeben von weißen Sandstränden und Korallenbänken, ist selten oder nie von Weißen besucht worden. Die Mädchen »schminken« sich mit einer Mischung aus Mehl und Asche zum Schutz gegen die Äquatorsonne. Weiß sein ist bei ihnen »in«!

Wir wollen das Torajaland in Zentralsulawesi besuchen und werden von Tobias in verschiedenen Fachvorträgen an Bord bestens vorbereitet. Im Hochland von Sulawesi leben seit über 20 Generationen Volksstämme, die von den seefahrenden Bugi, Makassar und Mandar abstammen. Sie kamen vor viereinhalbtausend Jahren aus Südchina hierher in das Hochland. Im Laufe der Jahrhunderte entwickelte das Volk, zurückgezogen in den Bergen lebend, eine völlig eigenständige Kultur, die sich vor allem in der uneingeschränkten Verherrlichung des Todes äußert. Das Leben der Torajas wird als Übergang gewertet, der dazu dient, genügend Reichtümer für eine angemessene Totenfeier anzuhäufen. Unter dem offiziellen Mantel von Christentum und Islam lebt der Glaube an die alte Naturreligion bei den Torajas weiter. Diese Torajas, auch Hochlandvölker genannt, leben nach wie vor isoliert von der Außenwelt von Reis- und Gemüseanbau. Sie wohnen in hochinteressanten Siedlungen in ganz eigenwilligen Häusern, die ringförmig um einen leeren Platz angeordnet sind. Gegenüber den Wohnhäusern stehen die Reisspeicher, sichtbarer Ausdruck von Landbesitz und Reichtum. Zu den Giebelseiten wölben sich die Dächer nach oben wie Bug und Heck eines Schiffes. In die Giebel sind faszinierende Tiermotive und geometrische Muster geschnitzt, immer in den heiligen Farben Weiß, Rot, Gelb und Schwarz.

Die Toraja sehen das Hausdach als ihren Himmel an und richten es in Nordsüdrichtung aus. Der Süden steht für den Tod, der Norden für das Leben. In diesen Himmelsrichtungen lagen auch die Reiche ihrer Vorfahren. Und diese Vorfahren, der Ahnen- und der Totenkult bestimmen noch heute weite Bereiche im Leben der Bergvölker im Torajaland.

Die »Society Explorer« geht früh am Morgen an die Pier von Palopo. Dort warten bereits 16 japanische Minibusse und bringen uns in zweistündiger Fahrt durch triefenden, dichten Urwald hinauf zu den Torajas. Plötzlich bricht Licht durch Regen und Morgennebel, die Sonne strahlt auf grüne Reisfelder. Die Felder sind fast überall und immer menschenbelebt. Die Mädchen tragen weißes Mehl auf ihren lachenden Gesichtern, Sonnenschutz und Make-up zugleich. Da wird gepflügt, gehackt, getreten, Reis geschnitten oder schon wieder neu gepflanzt. Besonders groß ist das Menschenaufgebot immer dann, wenn gerade geerntet wird. Und das ist heute hier der Fall. Die Rispen werden mit einem Handmesser oder einer richtigen Sichel geschnitten. Dabei murmeln die Feldarbeiter alte Beschwörungsformeln, um die Feldgeister zu beruhigen. Unmittelbar neben dem Feld erfolgt die Drescharbeit. Der Reis wird ausgeschlagen oder ausgetreten. Zwei bis drei Ernten gibt es pro Jahr. Dieser Naßreisbau ist die Haupternährungsquelle der Hochlandbewohner im Torajaland. Überall zwischen den Feldern sehen wir die schiffsähnlichen Dächer der eigenartigen Torajahäuser, und in den Felsen erkennen wir Totenschädel und Holzpuppen, sogenannte Tau-Taus. Tau-Taus sind Totenwächter, denn die Verstorbenen werden hier nicht verbrannt oder beerdigt, sondern in einfachen Holzsärgen in Felshöhlen und Felsnischen gelegt. Früher wurden Holzsärge mit wertvollen Beigaben in Höhlengräbern bestattet, dann zwangen Grabräuber die Torajas, abschließbare Felsgräber in unzugänglichen, oft senkrechten Wänden anzulegen. Erst seit etwa 100 Jahren stellen die Torajas Holzpuppen vor diese Gräber. Niemand darf sie berühren, denn den Tau-Taus wird nachgesagt, daß sie die Seelen der Toten empfangen können. Eine der wenigen Gelegenheiten, eine Tau-Tau-Puppe zu berühren, ist das Wechseln der Kleider, wenn diese von Wind, Sonne und Regen ausgebleicht oder gar zerfetzt sind.

Wir landen gegen Mittag im neuen Misiliana-Hotel in Rantepao. Das Hotel ist ganz im traditionellen Toraja-Stil erbaut. Eigentlich habe ich mir für den Nachmittag ein großes Besichtigungs- und Fotoprogramm zurechtgelegt. Ich möchte vor allem Häuser und Tau-Taus in den Felsen fotografieren. Aber daraus wird nichts. Gleich um die Ecke, im nächsten Dorf, gibt es eine Totenfeier. So etwas weiß man im Hotel. Schon sind wir unterwegs und folgen einfach den vielen Menschen und Trauergästen. Unsere Reisegruppe ist noch beim Lunch, so sind Renate und ich zunächst scheinbar die einzigen Europäer mitten in dieser unglaublich bunten Torajagesellschaft. Eine alte Frau ist gestorben und liegt in einem roten Holzsarg neben ihrer zu-

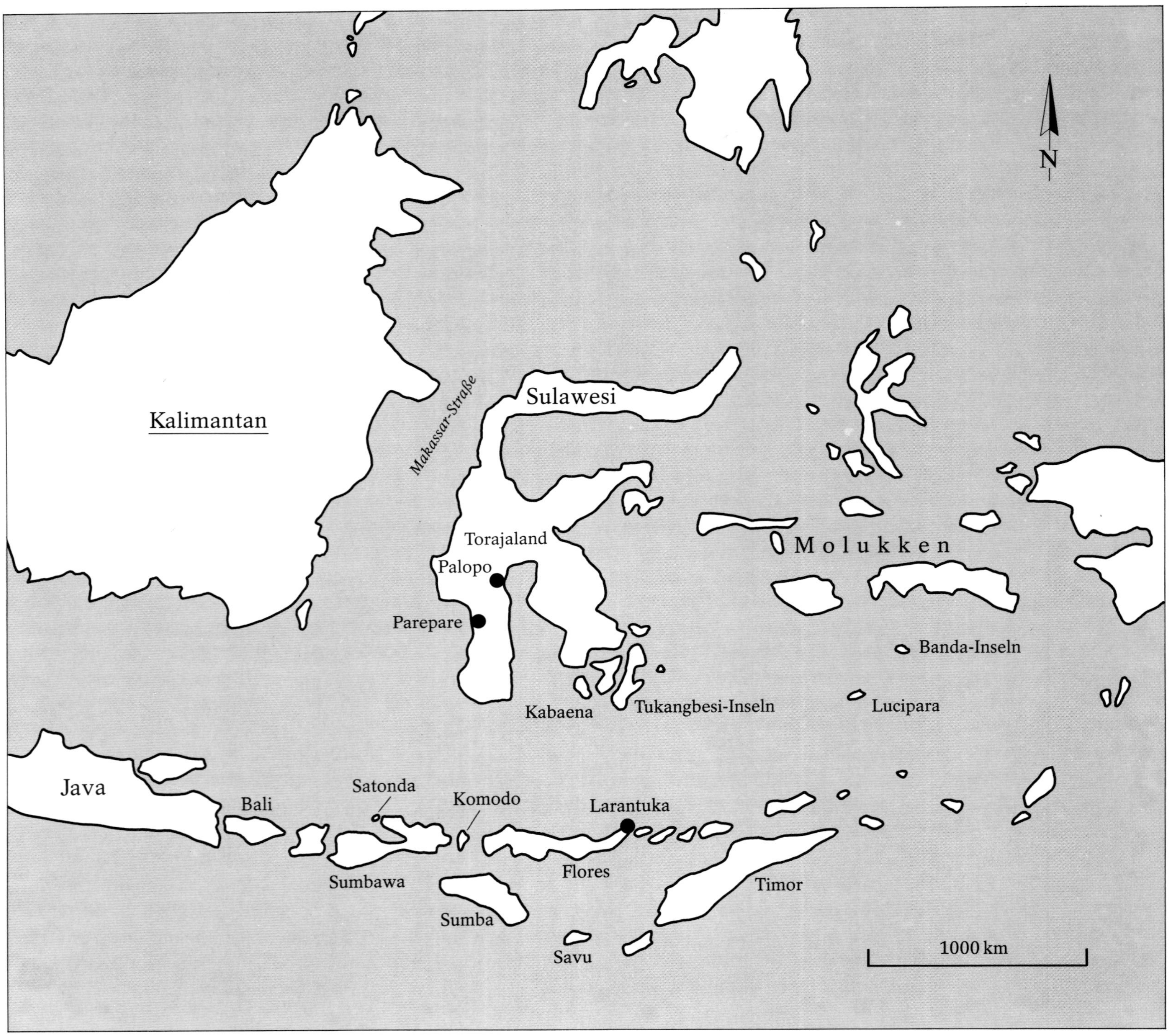
Kalimantan
Makassar-Straße
Sulawesi
Torajaland
Palopo
Parepare
Kabaena
Tukangbesi-Inseln
Molukken
Banda-Inseln
Lucipara
Java
Bali
Satonda
Komodo
Larantuka
Sumbawa
Flores
Timor
Sumba
Savu
1000 km
N

künftigen Tau-Tau in einem extra errichteten offenen Haus aus Bambus. Für die Totenfeier wurde in wochenlanger Arbeit ein ganzes Dorf aufgebaut; ein großes Begrüßungshaus und ein halbes Dutzend Gästehäuser für Bewirtung und Unterkunft. Die Torajas leben in einer Klassengesellschaft, das drückt sich auch bei den Totenfeiern aus. Angehörige der untersten Kaste, der früheren Sklaven, dürfen bei diesem Anlaß höchstens einen Büffel opfern. Mitglieder der Adelsschicht aber müssen dem oder der Verstorbenen mindestens 24 Büffel mit auf den Weg geben. Die gutmütigen Tiere werden hier nicht – wie sonst in Indonesien – zu Feldarbeiten eingesetzt, sondern ein Leben lang gehegt und gepflegt, um dann bei Trauerfeiern gleich massenweise hingemetzelt zu werden. Der Büffel ist für die Torajas die Einheit, in der seit Jahrhunderten der Reichtum gemessen wird.

Für gläubige Torajas ist der Tod viel wichtiger als das Leben. Das wird auch an den Dimensionen dieser Totenfeier, die fünf Tage lang dauert, erkennbar.

Wir wissen nicht, wann die Frau gestorben ist. Das kann ein Jahr her sein, vielleicht auch zwei. Bis zur heutigen Totenfeier lag sie einbalsamiert im Haus der Familie und galt nur als krank. Dieser lange Zeitraum zwischen dem tatsächlichen Tod und der Totenfeier ist notwendig, um das viele Geld für die Festlichkeiten zusammenzusparen, um das Dorf für die Gäste zu bauen und um einen Termin zu finden, an dem die Familienmitglieder – oft aus fernen Ländern – auch wirklich kommen können. Versäumt jemand diese wichtige Totenfeier, könnte sich der Geist der Toten dafür rächen. Der älteste Sohn der verstorbenen Frau hat seit Monaten die Vorbereitungsarbeiten für das Fest überwacht und koordiniert.

Wir werden freundlich begrüßt. Sonst aber nimmt man kaum Notiz von uns. Das Fest nimmt seinen Lauf. Zwischen den Häusern singen und spielen Tanzgruppen. Die Verdienste der Toten werden besungen und gepriesen. Immer mehr Gäste treffen mit ihren Geschenken ein; Schweine oder Büffel. Sie werden von den Familienangehörigen der Toten würdevoll begrüßt und in das Empfangshaus geleitet. Dort werden sie bewirtet und bekommen Reis, Fleisch und Betel, die leicht berauschende Droge, die überall in Südostasien zu Hause ist. Danach werden die Gäste in ihre Unterkünfte geführt. Unmittelbare Verwandte sind schwarz gekleidet, andere Gäste schlicht weiß oder sogar bunt. Wieder kommt eine Gruppe den Hang hinauf, gibt ihr an einem Bambusgestell hängendes, noch lebendes Schwein ab und verschwindet mit den Gastgebern im Empfangshaus. Bei großen Totenfesten werden bis zu 100 Schweine und mehr als 50 Büffel geschenkt und geschlachtet. So eine Feier kann zwischen 100 000 und 200 000 DM kosten. Das ist nicht nur hier im Torajaland ein beachtliches Vermögen!

Die ersten beiden Tage sind reine Empfangstage mit Tänzen und Gesängen. Dann folgt ein Ruhetag. Schließlich werden am vierten Tag die Büffel geopfert, und am fünften Tag erfolgt die eigentliche Bestattung in einer Felswand oder in einem Familiengrab, denn die Großfamilie soll auch im Totenreich zusammenbleiben. Das Grab kann viele Kilometer weit vom Festplatz entfernt liegen. Dorthin wird der Sarg mit dem Totenhaus unter viel Geschrei und Aufregung geschleppt. Während der fünf Festtage fließen große Mengen an Palmwein. Torajas sind arme, anspruchslose Menschen. Ihre Totenfeiern sind ihr einziger Luxus.

Mein Fotografieren scheint überhaupt nicht zu stören, die Menschen lachen und sind fröhlich. Und kein fremder Tourist stört die bunten, exotischen Bilder, in die wir hier eingetaucht sind. Plötzlich stößt mich Renate an und zeigt verblüfft zum Dorfeingang. Wir trauen unseren Augen nicht. Da kommt Mike, unser Expeditionsleiter, mit einem Büffel an der Leine. Hinter ihm die Gruppe der Passagiere. Woher hat Mike diesen Büffel? Und werden jetzt hundert Touristen durch meine Bilder laufen?

Mike sieht uns und winkt lachend. Schon wird er vom Mann der Verstorbenen offiziell begrüßt. Wartende Torajas nehmen ihm den Büffel ab und führen das Tier in ein nahes Gehege. Mike geht zusammen mit der gesamten Gruppe in das Empfangshaus und wird bewirtet mit Reis und Betel, mit Büffelfleisch und Palmwein. Meine Bilder vom Festplatz bleiben »sauber«. Erst später frage ich Mike, wo in aller Welt er den Büffel aufgetrieben hat.

Wir besuchen völlig unbekannte kleine Inseln wie hier Lucipara. Dort lebt nur eine Handvoll Menschen. Sie fangen Schildkröten zum Verkauf. Das ist verboten! Hier entdecken Kapitän Heinz Aye und Renate Weyer eine gefangene Meeresschildkröte im Gehege. Der Kapitän kauft das Tier, um es wieder auszusetzen.

Djere-Island besteht aus wenigen Hütten, einigen Palmen und einem weißen Sandstrand. Die fröhlichen und gastfreundlichen Insulaner freuen sich über den so seltenen Besuch von Fremden. Sie leben hier völlig isoliert von Zivilisation und Touristenrummel alleine vom Fischfang, von ihren Kokosnüssen und wenigen Ziegen.

»Die Sache war ganz einfach. Ich kam ohne Geschenk und mit so vielen Gästen. Ist doch nicht anständig, oder? Als ich die anderen Menschen mit ihren Schweinen und Büffeln sah, fragte ich unseren Natrabu-Agenten Luther Sirande, ob wir da so einfach hingehen könnten, ganz ohne Gastgeschenk. Luther sprang über den Zaun, band den nächsten Büffel, der längst als Geschenk abgegeben worden war, an einen Strick und drückte ihn mir in die Hand! Aber das ist natürlich nicht ganz sauber. Wir werden heute noch ein Schwein kaufen und es der Familie als Entschuldigung schicken!«

In Lawrence Blairs Buch »Ring of Fire« finde ich den folgenden Satz:

»Die Toraja glauben, daß wir viele Schichten von Geistern besitzen, die sich beim Tode wie die Schalen einer Zwiebel lösen müssen, damit jeder an den ihm bestimmten Ort gelangt. Einige von ihnen bleiben und wachen über die Lebenden; andere nehmen die Gestalt weißer Vögel an und wieder andere bewohnen ihre eigenen Tau-Taus, während die Seele selbst sich löst und durch den Raum dorthin zurückkehrt, wo sie hergekommen ist.«

Von diesem Leben mit den Toten, mit den Ahnen und Geistern haben wir nur einen Bruchteil gesehen und miterlebt. Genug, um zu beschließen, wiederzukommen, denn hier liegen noch große Geheimnisse, weit entfernt von ausgetretenen Touristenpfaden.

Sengende Sonne begleitet uns nach zwei Tagen Torajaland wieder hinunter zur Küste, zurück zur »Society Explorer«. Mit »Willkommen an Bord, shower, shower« und dann »champagne, champagne« begrüßt uns der Kapitän. Da sind wir wieder in unserer Zivilisation, stehen unter der Dusche und trinken kühlen Champagner. Sind wir wirklich zurück auf dem Schiff? Unsere Gedanken und Gespräche sind noch lange Zeit oben in den Bergen beim Totenkult der Torajas.

Blauer Himmel, blaues Wasser und ein weißer Strand, auf den unsere Zodiacs zufliegen. Reiter erwarten uns und Trommler, gekleidet in herrliche indonesische Ikats. Savu heißt die Insel. Hier sind die berühmten Sandelholzpferde zu Hause. Das sind kleine Ponys, deren Reiter sich ohne Sattel mit Lanzen bekämpfen oder auf den Pferden zur Trommelmusik tanzen. Eine buntgekleidete Schar von Männern, Frauen und Kindern führt uns eine Meile weit hinauf in ein kleines Dorf. Dort erleben wir Tänze und bewundern immer wieder die kunstvollen Ikats. Das Ikatmuster wird schon beim Färben der Wolle vorbereitet. Mehrere Wollfäden werden dabei zusammengefaßt und mit farbabweisenden Fasern abgebunden. Dann wird die Wolle in das Farbbad getaucht. Bei verschiedenen Techniken werden entweder die Kett- oder die Schußfäden oder sogar beide Garne eingefärbt. Nach dem Trocknen in der Sonne müssen die Kettfäden sorgfältig auf den Rahmen gebracht werden.

Zu der von Insel zu Insel unterschiedlichen Ikattechnik gehört hier überall goldgelber Schmuck aus getrockneten Palmblättern, für die Tänzer und Musikanten ebenso wie für die Pferde. Nur selten verirren sich Touristengruppen hierher nach Savu. Aber wenn sie kommen, werden sie sehr ernst genommen. Uns zeigen sich die Inselbewohner von ihrer freundlichsten Seite, und wir sparen auch nicht mit Applaus. Kaum ein Passagier, der ohne eigenen Ikatumhang zurück an Bord geht. Viele Bewohner Savus begleiten uns nach ihren Pferde-, Tanz- und Ikatvorführungen zurück auf unser Schiff. Was für ein buntes Bild an der Bar – und dann die großen Augen unserer Besucher, denen der Kapitän die Brücke zeigt und erklärt.

Mitgekommen auf unsere »Society Explorer« ist auch der einzige Arzt von Savu, Dr. Budi Martino Lumunon. Unser Schiffsarzt, Dr. Joe La Tona, zeigt seinem Gast voller Stolz sein Bordhospital und die Apotheke. Da springen dem Indonesier Tränen in die Augen:

»Wenn ich so viele Medikamente für meine 7000 Leute hätte, dann könnte ich vielen wirklich helfen. Ich habe so gut wie nichts hier auf der Insel.« Wir alle verfolgen bewegt die Szene und greifen spontan in unsere Tasche. Für weit über tausend Dollar kaufen wir an Bord »unsere« Medikamente und übergeben Sie dem Gast: Ampicillin, Amoxicillin, Penicillin, Cortisporin, Aspirin, sterile Binden, Verbandsmaterial, Thermometer und vieles, vieles mehr. Da geht ein strahlender Doktor von Bord.

Am östlichen Ende des Sunda-Archipels liegt die große Insel Flores. Im Jahre 1512 segelten hier portugiesische Entdecker vorbei und gaben der Insel den

Namen Cabo des Flores (Kap der Blumen). In der heißesten Mittagsstunde machen wir im Hafen der einstigen portugiesischen Kolonialstadt Larantuca fest. Alte, klapprige Kleinbusse bringen uns eine halbe Stunde lang über staubige Straßen durch dichten Urwald in das nur zwölf Kilometer entfernte, winzige Dorf Kawaliwu. Was für ein Empfang! Wir werden mit Betelnüssen, Tabak und Wein begrüßt und von Kriegern in Ikat-Kleidung zu einem Festplatz hoch oben über dem Dorf geführt. Unter mächtigen Urwaldriesen liegt ein langgestrecktes Versammlungshaus – und davor dröhnen die Trommeln und klingen die Flöten. Hundert Männer und Frauen stampfen mit ihren nackten Füßen den warmen Boden und tanzen so wild, daß ihnen dicke Schweißperlen über die braunen Gesichter laufen. Wir sind in einer anderen Zeit, in der Vergangenheit dieses Urwalddorfes. Das farbenprächtige Bild erinnert an eine Filmkulisse und spiegelt doch die ganze Mischkultur dieser Inselwelt wieder; da erinnern seltsam steife Hüte an die Portugiesen, bunte Ikats an das heutige Indonesien und schwingende Speere an die wilde Zeit der Piraten. Kapitän Aye wird an diesem Tag hier im Dschungel adoptiert und ist ab sofort ein Sohn des Dorfes Kawaliwu. Die letzten Sonnenstrahlen dieses großen Tages fallen durch die Baumkronen hinunter auf die jetzt ermatteten Tänzer und Krieger. Ich versuche, die große, bunte Schar zu einem Gruppenbild zu vereinigen. Das gelingt erst nach vielen sprachlichen Mißverständnissen und großem Gelächter. Aber dann steht das »Traumbild« von Flores, und wir alle können froh sein, daß uns der Kapitän zurückbegleitet und nicht in dem Dorf bleibt, dessen Sohn er seit wenigen Minuten ist.

Nicht alle Inseln sind so groß wie Savu oder Flores. Nein, es sind immer wieder die winzigen, völlig unbekannten Inseln, die uns faszinieren und anlocken. Da ist Cowocowo. Die Insel gehört zur Tukanbesi-Gruppe und liegt mitten in einem Ring von schimmernden Korallenriffen. Der Kapitän fährt selbst im ersten Scoutboot hinüber und nimmt mich mit. Hier lebt ein einziger Mann. Er hat Cowocowo 1969 von seiner Regierung für eine handvoll Dollar gekauft und baut heute Kokospalmen an. Lazim, so heißt der Inselkönig, sitzt am Feuer und bereitet sich gerade einen Fisch am Spieß. Er ist ganz erstaunt, fremden Besuch zu bekommen, und lädt die gesamte Society-Explorer-Gruppe auf seine Insel ein. Anschließend signiert er ein Zertifikat des Kapitäns mit beiden Daumenabdrükken. Darin heißt es:

»Die ›Society Explorer‹ ist das erste Passagierschiff der Welt, das vor Cowocowo ankerte und alle 89 Passagiere auf die unbewohnte Insel brachte. Ich, Lazim, Besitzer der Insel seit 1969, bescheinige das mit meinen Fingerabdrücken.«

Ein ganz ähnliches Zertifikat bringt der Kapitän auch von Sogori mit an Bord. Dort hat der »Chief of Sogori Village«, Mr. Daming, ebenfalls mit Fingerabdruck bestätigt, daß die »Society Explorter« als erstes Passagierschiff 106 Passagiere und Staffmitglieder an den Strand brachte. Auf dem Zertifikat ist weiterhin die genaue Inselposition angegeben (5° und 20 Minuten Süd und 121° und 45 Minuten Ost) und die Tatsache, daß auf Sogori 199 Menschen in 39 Häusern leben.

Ja, Sogori! Da lachen uns schwarze Mädchenaugen aus grellweiß getünchten Gesichtern an. Da stehen Pfahlbauten an einem Bilderbuchstrand, und die Seezigeuner freuen sich über unseren Besuch wie Kinder über das Weihnachtsfest. Beim Fotografieren so vieler Mädchen und Buben helfen mir die kleinen Schokoladentafeln von Gaby.

Diese Menschen, die Seezigeuner des Indischen Ozeans, leben hauptsächlich vom Fischfang, den sie von kleinsten Holz- und Segelbooten aus durchführen. Sie sind eben seit Generationen Seefahrer und haben einen Instinkt für die Navigation entwickelt. Sonst würden sie ihre winzigen Inseln, die oft schon nach einer Stunde Fahrt außer Sichtweite sind, nie mehr wiederfinden. Dieses Navigationsempfinden ist ähnlich ausgeprägt wie das der Beduinen in der Wüste. Sie sehen z. B. leichteste Farbunterschiede in den Wolken – Reflexionen ihrer Inseln. Grün schimmernde Wolken zeigen ihnen, wo ihre grüne Insel liegt.

In Cocoe auf der Insel Djere gibt es keinen Brunnen und keine Quelle. Die Menschen sammeln Regenwasser und fangen Haie, um die Flossen an Chinesen zu verkaufen. Auch sie wohnen in sauberen Pfahlbauten und staunen über unser großes Schiff.

Der berühmte Komododrachen, eine bis zu 3 m lange und 150 kg schwere Waranechse, gehört zu den ältesten Arten der Erde und ist nach wissenschaftlichen Erkenntnissen ein naher Verwandter der Dinosaurier, die vor 100 Millionen Jahren lebten.

Drei Zodiacs, sogenannte Scoutboote, kommen nach ihrer Erkundung zur »Society Explorer« zurück. Wir machen einen »Expeditionstop«. Das Schiff geht vor Anker, und die Boote erkunden die nahen, meist unbekannten Inseln sowie Tauch- und Schnorchelmöglichkeiten. Erst nach der Erkundung werden die Passagiere ausgebootet und zu ihren Wunschzielen gebracht.

Ich möchte eine bunte Kindergruppe vor der romantischen Dorfkulisse aufbauen und staune, daß sich alle Kinder brav und ruhig hinstellen und wartend in meine Kamera starren. Sie kennen also schon dieses Spiel. Nein, so wird das nichts.

»Renate, mach ihnen doch klar, daß sie nicht alle in die Kamera schauen sollen.«

Renate versucht es mit Händen und Füßen, sie zeigt mit ihrem Finger auf die eigenen Augen und dann auf das Meer hinaus. Dorthin sollen sie blicken. Plötzlich geht ein befreiendes Lachen durch die Gruppe. Sie haben anscheinend verstanden – und springen alle zusammen ins Wasser! Da planschen etwa 30 Kinder, und das Salzwasser spritzt mir nur so um Kopf und Kamera.

Wird uns die Sonne zu heiß, wechseln wir die Szene; wir gehen mit Kamera und Brille unter Wasser zu unseren inzwischen so lieb gewordenen Korallengärten und lassen uns dort von atemberaubenden Farben und Lichtströmen, von fantastisch bizarren Formen und Arten berauschen.

Und dann wieder der Schildkrötenschock mitten in diesem Paradies: Auf Lucipara-Island wohnt auch nur eine Hand voll Männer am Strand. Sie hocken am Feuer um ein paar Fische herum und wollen uns nicht so recht erzählen, was sie hier treiben und wovon sie eigentlich leben, aber sie hindern uns nicht an einem Rundgang um ihre Insel, und prompt stoßen wir auf große Gehege mit Meeresschildkröten, die hier gefangengehalten werden – für den Verkauf auf den großen Inseln. Die Gehege sind durch dicht gesetzte Pfähle vom Meer abgetrennt. In so einem Gehege schwimmen zwei Meeresschildkröten im flachen Wasser ängstlich und irritiert hin und her. Der Kapitän kauft den Männern beide Tiere ab. Wir transportieren die zentnerschweren Schildkröten im Zodiac zur »Society Explorer« und geben ihnen für zwei Tage unseren kleinen Swimmingpool. Dann sind wir weit genug von Lucipara-Island entfernt. Wir schenken ihnen die Freiheit, hoffentlich für recht lange!

Komodo: Schnorchel- und Drachenparadies! Die sonnenverbrannte, fast wüstenähnliche Insel liegt in der Meeresenge zwischen Sumbawa und Flores. Hier gibt es nur ein winziges Dorf mit knapp 500 Einwohnern, von denen niemand so genau weiß, ob sie hier einmal eingewandert oder Restbestände von gefangenen Verbrechern sind. Und es gibt einen kleinen Nationalpark; in ihm suchen wir nach dem legendären Komododrachen. Im Besucherzentrum der Parkranger zeigt man uns das Bild eines sechs Jahre alten Jungen, der von einem Drachen getötet wurde. Kein schönes Bild – und ein Beweis, daß die Drachen nicht ganz harmlos sind.

Der Komododrachen – oder besser: Komodowaran – bewohnt nur die drei Sundainseln Komodo, Flores und Rintja. Die männlichen Tiere werden bis zu drei Meter lang und wiegen bis zu 150 Kilogramm. Die Weibchen erreichen zwei Meter Größe. Die Warane tragen ein lehmgelbes, grauschwarzes, teilweise steinhartes und verknöchertes Schuppenkleid, mit dem sie an Urtiere einer längst vergangenen Epoche erinnern. Die Drachenweibchen legen bis zu 30 ca. zehn Zentimeter große Eier, aus denen nach zwei Monaten bereits 50 Zentimeter lange Jungtiere schlüpfen. Diese größte Echse gehört zu den ältesten Arten der Erde und ist tatsächlich – so die Wissenschaftler – ein naher Verwandter der Dinosaurier, die vor 100 Millionen Jahren lebten.

Schon seit Tagen kursieren wahre Horrorgeschichten über die Komododrachen auf unserem Schiff. Lawrence und Lorne Blair zeigen uns ihren großartigen BBC-Film »Ring of Fire«. Darin jagen sie auch den Komododrachen mit ihrer Kamera – und verbringen einen ganzen Tag oben auf einem Baum, während der Drache unten Wache hält. Und blaß waren die beiden auch auf ihrem hohen Fluchtpunkt!

Eine andere Story berichtet von einem Schweizer Fotografen, der hier auf Komodo den Drachen fotografieren wollte. Von diesem Mann hat man angeblich nur noch die Kamera gefunden.

Der Drache, so erzählt Lawrence, sieht im ersten Moment plump, faul und träge aus. In Wahrheit ist er aber blitzschnell und verblüffend stark. Er greift sogar Pferde an, zerschlägt ihnen mit einem gewaltigen Schwanzhieb die Hinterläufe und tötet sie dann langsam und sicher.

Von unserem Landeplatz aus laufen wir etwa zwei Kilometer durch trockenen

Buschwald zu einem Aussichtsplatz. Parkranger mit langen Stöcken begleiten uns. Gewehre haben sie nicht. Aber ihre Anwesenheit alleine erzeugt Spannung beim kurzen Marsch zu den Urtieren unserer Vorzeit. Am Ziel erwarten uns weitere Ranger. Sie haben eine Ziege geschlachtet und an einem Seil befestigt. Wir stehen erhöht über einer Mulde, in die jetzt die Ziege, über einer starken Astgabel hängend, hinuntergelassen wird. Und da kommen sie auch schon aus dem Unterholz, drei bis fünf mächtige Drachen mit Gebissen, daß uns ein Schauer über den Rücken läuft. Ihre langen, schmalen und leuchtend gelben Zungen zucken wie Pfeile aus den fürchterlich großen Mäulern. Ob die, mit denen Siegfried einst kämpfte, viel größer gewesen sind? Verblüffend schnell und wendig laufen die Warane auf ihre Beute zu, und die Knochen krachen. Der Ziegenkopf verschwindet als Ganzes blitzartig im Maul eines Warans und wird, sichtbar unzerkaut, hinuntergewürgt. Schon nach wenigen Minuten sind die Mäuler blutverschmiert, und wir halten ein leeres Seil in unseren Händen. Aber die Drachen sind noch lange nicht satt und zufrieden. Sie kennen dieses Spiel und äugen erwartungsvoll zu uns herauf. Gibt es eine zweite Ziege? Die Ranger schleppen sie gerade heran. Ich sichere mir eine ganze Keule und locke mit ihr einen großen Drachen aus der Vertiefung direkt vor meine Kamera, um Porträts aufzunehmen. Ein einziger Biß, die Keule verschwindet im Waran und wird wieder vollständig hinuntergewürgt. Es sieht so aus, als wenn die Riesenechse daran ersticken müßte. Aber sie scheint mit solchen Brocken zufrieden zu sein, läßt ihre gespaltene Zunge durch die Luft sausen und wartet auf mehr! Ob diese Tiere tatsächlich erwachsene Menschen angreifen, weiß ich nicht. Sicher bin ich allerdings, daß wir gegen dieses Gebiß und gegen diese Schnelligkeit nicht die geringste Chance hätten – dann nützt wohl auch der Stock der Ranger nur wenig. Aber warum sollten sie uns hier angreifen? Sie wissen ganz genau, daß wir ihnen zarte, junge Ziegen bringen!

Nach diesem Erlebnis finde ich in der Bordbibliothek eine Bemerkung, die besagt, daß der Speichel dieser Warane außerordentlich giftig sei. Also doch ein echter Nachfahre von Siegfrieds Kampfdrachen.

Unweit von unserer Landebucht gibt es herrliche Schnorchelplätze und einen guten Aussichtsberg. Ich besteige ihn barfuß, nur mit der Badehose bekleidet, und fühle dabei doch einen seltsam dicken Klumpen in meiner Magengegend. Ist vielleicht nicht der richtige Ort für gemütliche Wanderungen! Nein, das Bild von dem zerfetzten Jungen sah wirklich nicht gut aus.

13 677 Inseln sind zu viel für eine Reise, aber genug, um immer wieder nach Indonesien zu fahren. So zahlreich wie die Inseln sind auch ihre Geheimnisse, die Überraschungen, die exotischen Motive. Hier der Drachen der Urwelt, dort die Seelen der Toten in stummen Holzpuppen, Trance beim Erntedankfest und fragende Augen auf Inseln, die im Paradies liegen und noch keinen Platz im bunten Reiseprospekt gefunden haben.

Und dazwischen ein kleines rotes Schiff – eine echte Weltenbummlerlegende.

Am Riff von Lucipara. Schnorcheln und Tauchen in den schönsten Korallengärten Indonesiens gehört zu den täglichen Aktivitäten während der Expeditions-Kreuzfahrt. An Bord der »Society Explorer« sind Masken, Flossen und Sauerstoffflaschen. Getaucht wird unter Anleitung eines erfahrenen Tauchlehrers und Meeresbiologen.

Da ist wieder der Lotse von Benoa und die gleiche starke Dünung wie bei der Ausreise. Jetzt zwingt uns diese Dünung sogar, vor Anker zu warten. Plötzlich wird auf dem Schiff alles anders. Da stehen gepackte Koffer in der Rezeption, das Gespräch dreht sich um Flugverbindungen, um Transfers zum Airport, um letzte Barrechnungen. Visitenkarten werden hastig getauscht.

Und dann fliegt die schwere Trosse auf die heiße Pier. Wir sehen Prana im Schatten warten und winken.

»Wie war die Reise, wie ist Indonesien? Schöner als Bali?«

Nur einmal waren die Sonnenuntergänge in aller Welt so rot und so großartig wie in Indonesien; das war im Jahre 1848, als hier zwischen den Inseln der Vulkan Krakatau explodierte und seine Aschenwolken bis London und noch weiter schickte. Neben mir steht Lorne an der Reling und wartet darauf, daß die Brücke zur Pier herabgelassen wird. Lorne kennt keine europäische Hektik an so einem Aufbruchstag. Er lebt hier auf Bali und hat sich an meine ständigen Fragen längst gewöhnt.

»Weißt du, ich bin seit 17 Jahren hier und versuche, etwas über Indonesien zu erfahren. Aber glaube mir: Ich weiß kaum etwas von diesem Land und seinen Menschen. Aber genau an diesem Punkt beginnt die Spannung so einer Reise!«

Einen Tag später fährt Prana Renate und mich zum Flughafen nach Denpasar. Ein langer Flug nach Frankfurt liegt vor uns, ein anstrengender Flug in der engen Kabine. Ich habe schon berichtet, wie ich solche Art des Reisens empfinde. Prana möchte unsere Tickets sehen und lacht. Wir umarmen uns und gehen zum Flugschalter. Auch die Stewardeß in ihrem schlichten Sarong lächelt: »Ihre Platzkarten bitte, Sie sitzen in der Reihe 1 auf Platz A und C. Ist das so in Ordnung?«

Zunächst verstehen wir nicht! Wir haben ganz normale Tickets der Touristenklasse abgegeben, jetzt aber Bordkarten für die erste Klasse in unseren Händen!

Das war Prana, schießt es mir durch den Kopf, aber warum müssen wir Europäer dauernd fragen: Wie kommt das, warum ist das so?

Selbst Lorne weiß nur wenig von Indonesien, deshalb liebt er dieses Land so sehr.

Amazonas

Das grüne Paradies

Die höchsten Wasserfälle der Welt, das sind nicht die Niagarafälle, nicht die Iguaçu-Fälle und auch nicht die Viktoria-Fälle – die drei größten und wasserreichsten Fälle –, sondern die Angel-Fälle. Sie liegen zwischen Orinoko und Amazonas im südlichen Venezuela, mitten im unzugänglichen grünen Dschungel des Amazonasbeckens. Die Angel-Wasserfälle stürzen im Guyana-Bergland fast tausend Meter senkrecht über die Felswand eines Sandsteintafelberges hinunter.

Den Namen »Angel Falls« bekamen sie von dem Forscher und Piloten Jimmy Angel, der in den vierziger Jahren diesen Wasserfall entdeckte und erkundete. Die Indianer kannten das Naturwunder allerdings lange vor dem weißen Mann. Bei der Erforschung verlor Jimmy Angel sein Flugzeug, überlebte aber, zusammen mit seiner Frau, nach einer unglaublichen Urwaldodyssee, die ihn schließlich doch wieder in die Zivilisation zurückbrachte. Die Angel-Fälle sind nicht nur die höchsten, sondern auch die verstecktesten Wasserfälle der Welt. Sie zu Land und zu Wasser zu erreichen, ist nur unter extremen Expeditionsbedingungen möglich. Dazu kommt der Umstand, daß sich die hohen Wasserfälle fast immer – zumindest teilweise – in dichten Regenwolken befinden und sich nur ganz selten in voller Größe – sprich Höhe – zeigen.

Wir sind auf dem Flug nach Puerto Ordaz – dort wartet die »Society Explorer« auf uns – und rasen in atemberaubendem Tiefflug mit einem in Caracas gecharterten Jet an den Angel-Falls vorbei. Nur die oberen 500 Meter des gewaltigen Wassers sind in einem Wolkenloch für wenige Minuten sichtbar. Ein zweiter Versuch. Der erfahrene, tollkühne Pilot aus Caracas zieht eine enge Schleife über dem ewigen Grün des Dschungels und donnert noch einmal beängstigend dicht auf den Wasserfall zu. Wir sehen graues Wasser einige hundert Meter über uns von den nackten Felsen stürzen, hinunter in eine dichte Wolkendecke.

Sightseeing mit einem zweistrahligen Jet – das habe ich bisher noch nicht erlebt. Da dreht sich mir fast der Magen um, und ich atme erst wieder auf, als der Pilot steil nach oben fliegt, hinaus aus diesem Chaos aus Wald, Wolken, Wasser und senkrechten Tafelbergen.

»Dichter hätten wir wirklich nicht heranfliegen dürfen, und auch keine Meile langsamer«, bemerkt mein Vordermann, der sich begeistert und besorgt zugleich zu uns umdreht.

Erst später hören wir, daß dieser Passagier selbst Pilot ist – Boeing-Pilot bei der Swiss-Air.

Erst in der Dunkelheit erreichen wir das Schiff. Wir werden zunächst den Orinoko hinunter fahren, bis hinaus in den Atlantik, dann die berühmt-berüchtigte Teufelsinsel von Papillon besuchen und schließlich den Amazonas, den Fluß der Flüsse, ansteuern. Auf diesem größten aller Urwaldströme soll die Reise bis nach Iquitos in Peru gehen, also bis unmittelbar an den Fuß der Anden. Der Kapitän dieser längsten möglichen Dschungelkreuzfahrt heißt Heinz Aye.

»Grüne Hölle« wird der Regenwald des Amazonasbeckens genannt. Warum nicht »Grünes Paradies«? Diese üppige, von tropischen Wäldern bedeckte Amazonasregion erstreckt sich nördlich und südlich des Äquators über zwei Fünftel von ganz Südamerika. Die »Grüne Lunge« unserer Erde!

Zu den farbenprächtigsten Papageien der Welt gehört sicher der Arakanga, den wir im oberen Amazonas sehr oft beobachten können. Meist jedoch hoch oben in den schattigen Baumkronen.

In vielen Indianerdörfern werden Papageien jedoch als Haustiere gehalten, dort entstand auch diese Aufnahme.

Das Amazonas-Tiefland, so groß wie ganz Europa zusammen, hatte ich bisher nur beim Überfliegen des südamerikanischen Kontinents gesehen. Stundenlang dunkelgrüne, oft sogar graue und fast farblose Baumkronen zwischen hellen und dunklen Wolkenfetzen. Dazwischen wie silberglänzende Riesenschlangen die großen Flußläufe Orinoko, Rio Negro, Amazonas und viele mehr. Der Amazonas hat alleine 1100 Nebenflüsse und kleinere Wasserläufe. Bei einem entsprechenden Sichtwinkel ein kurzes Aufblitzen der Sonnenreflexe, die es aus der Jethöhe in fast zehntausend Metern kaum schaffen, die Monotonie dort im Wald zu unterbrechen; dann wieder Dunst und stumpfes Grün bis zum Horizont. Selbst ein Flug über eine Sand- oder Eiswüste erscheint mir abwechslungsreicher.

Renate und ich hatten uns vor Jahren einmal an den Rand dieses Urwaldes getraut. Wir waren vom sonnigen Quito hinunter gefahren bis nach Lago Agrio und einige Tage weiter in dünnen Indianerkanus auf dem Rio Napo. Wir verbrachten schlimme Nächte unter dem Moskitonetz in einer feuchtheißen Treibhausumgebung, die mir fremd und lebensfeindlich erschien. Als Fotograf liebe ich freie Landschaft mit viel Licht und Sonne – die Savannen Afrikas, die Wüsten der Erde oder Tibet über allem Dunst. Auch Arktis und Antarktis gehören dazu. Hier im Wald dagegen glaubte ich ersticken zu müssen, besonders auch mit meiner Kamera.

Aber nach solchen Erfahrungen las und hörte ich immer mehr vom einzigartigen Amazonasbecken, vom faszinierenden Regenwald, der so wichtig für unser aller Leben ist, und den es, nach all den aktuellen und deprimierenden Meldungen, schon bald nicht mehr geben wird. Wildnis und Zivilisation passen angeblich nicht zusammen. Und bei all den Berichten klang auch echte Begeisterung heraus. Sicher waren unsere eigenen Erfahrungen vom Rio Napo viel zu knapp und oberflächlich. Deshalb wollten wir es jetzt genau wissen und einmal im Leben auch in diese Welt des Wassers und der Bäume, der Wolken, des Regens, der Tiere und Blumen und der unvorstellbar aufregenden Sonnenuntergänge eintauchen.

Neugier und Begeisterung erfaßten uns viel schneller als erwartet, eigentlich schon beim Überfliegen der Angel-Falls, denn wir konnten den großen Wasserfall ja nur von oben sehen. Was aber tat sich dort unten in den Wolken? Wohin stürzten diese gewaltigen Wassermassen, und welchen Menschen, Tieren und Kulturen begegneten sie? Was war das für ein Land, das Kenner den größten und wichtigsten Biotop unserer Erde nennen?

Es gibt zwei grundsätzlich verschiedene Arten, den Amazonas zu besuchen und kennenzulernen: die Landreise über die in Rekordzeit durch den Urwald gestampfte Transamazonica oder die Wasserreise auf dem Fluß selbst.

Auf dem Landweg wird der Besucher sicher stärker mit den aktuellen Problemen dieser Region konfrontiert: mit den heutigen Goldrausch- und Kautschukzentren, mit der Waldrodung und der Waldverbrennung, mit neuen »Wildwestsiedlungen« entlang der morastigen langen Straße, in denen Prostitution, Rauschgifthandel und vielfältige andere Kriminalität immer stärker Fuß fassen, mit den Versuchen erster Weidewirtschaft im einstigen Regenwald und anderen Dingen. Ganz anders dagegen die Flußfahrt. Sie führt in das Herz oder auch in die Seele dieser Amazonaswelt, denn die alten Städte sind ausschließlich Binnenhäfen am Hauptlauf des großen Stromes und wurden von den Portugiesen im 17. Jahrhundert gegründet und angelegt. So wie die eindringenden Europäer (vor allem Portugiesen und Engländer) folgten auch die Indianer nur den Flußläufen, den kleinen und den großen, und bauten ihre Siedlungen an den Ufern, nicht aber mitten im Wald. Im Amazonasbecken reist man eben nicht auf Straßen, sondern auf Wasserwegen. Die großen und kleinen Flüsse sind die Straßen, 80000 Kilometer sind alleine im Amazonasgebiet schiffbar. Dazu kommen noch viele winzige Nebenarme, die man leicht im Kanu befahren kann.

Nur über die Flußläufe wurden Handel und Austausch von Gütern, Erfahrungen und Wissen möglich. Der Amazonas und seine Nebenflüsse liegen durchweg in Überschwemmungsgebieten, in denen sich die Natur in vielen Millionen Jahren ganz besonders artenreich entwickelt hat. Deshalb führt auch nur die Flußreise in das sicher größte Artenwunder unserer Erde. Die Fahrt auf dem Strom im großen Kreuzfahrt-

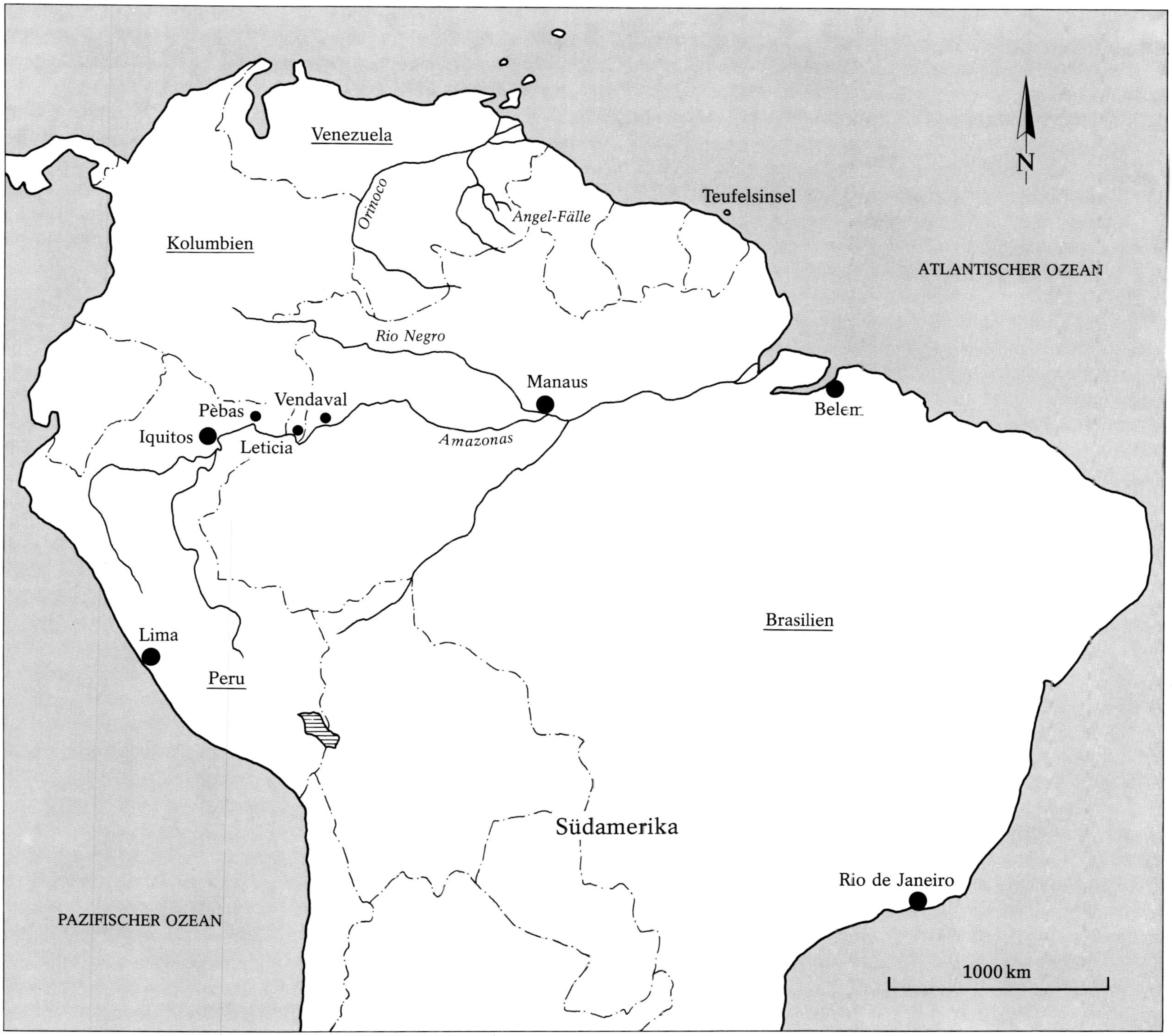
Venezuela
N
Orinoco
Angel-Fälle
Teufelsinsel
Kolumbien
ATLANTISCHER OZEAN
Rio Negro
Manaus
Vendaval
Pebas
Iquitos
Leticia
Amazonas
Belem
Brasilien
Lima
Peru
Südamerika
Rio de Janeiro
PAZIFISCHER OZEAN
1000 km

Wald und Wasser – Wasser und Wald, soweit das Auge reicht. Ein wahres Labyrinth aus Inseln und Flußläufen. Hier mündet der Rio Negro mit seinem schwarzen Wasser in den lehmig-gelben Amazonas. Die unzähligen Inseln haben sich aus sandigen Ablagerungen des Rio Negro gebildet, der von der stärkeren Strömung des Amazonas gebremst wird.

schiff oder im Zodiac auf winzigen Nebenarmen mit kompetenter wissenschaftlicher Begleitung scheint mir die ideale Art des Reisens in diesem Teil der Welt zu sein.

Fast 6000 Kilometer fließt der Amazonas aus den Anden bis zum Atlantik durch einen riesigen Kontinent und hat dabei nur einige hundert Meter tatsächliches Gefälle; das ist nicht einmal ein Zentimeter pro Kilometer! Aus seiner Mündung, die alleine über 300 Kilometer breit ist, strömt ein Fünftel des gesamten Süßwassers unserer Erde in das Meer. Selbst 1500 Kilometer flußaufwärts ist der Amazonas noch zehn Kilometer breit und so tief, daß große Überseeschiffe bis 3700 Kilometer weit in das Innere des Amazonas-Tieflandes vorstoßen können. Über tausend Nebenflüsse speisen den Amazonas pausenlos. Und das Verblüffende bei diesem Fluß der Superlative ist die Tatsache, daß wohl keine Wildnis der Welt bis zum heutigen Tage so unberührt, so unverfälscht, so ursprünglich geblieben ist. In einem Artikel von Marston Bates (Time-Life: »Südamerika«) fand ich den für den Amazonas so bezeichnenden Satz:
»Es ist eine zugleich demütigende und wohltuende Erfahrung, in eine Landschaft vorzudringen, die zu verändern, zu beherrschen, seinen Zwecken zu unterwerfen dem Menschen nicht möglich war«.

So ein Gedanke läßt jeden Weltenbummler aufhorchen; deshalb sind wir unterwegs und wollen nur hoffen, daß die Worte von Bates auch noch zur Jahrtausendwende gültig sind!

An Bord der »Society Explorer« fühlen wir uns, als hätten wir das Schiff erst gestern verlassen. Nein, nicht ganz, das Schiff war inzwischen in Singapur in der Werft. Das »Marco-Polo«-Restaurant erstrahlt in neuem Glanz, selbst die Polsterstühle sind alle neu bezogen. Und die Verbrennungsanlage für die Müllentsorgung ist auf den neuesten Stand der Technik gebracht worden. Aber das sieht der Passagier ja gar nicht. Viele alte und wenig neue Gesichter bei der Schiffsleitung, bei Staff und Crew. Der Kapitän hat einen neuen »Ersten«: Ulrich Demel. Larry Hobbs ist der Expeditionsleiter; wir kennen ihn noch nicht. Purser ist Andrea aus Graz. Neu sind vor allem die Lektoren. Moacir Fortes und John Harwood sind aus Manaus. Dr. Harwood ist britischer Biologe und arbeitet zusammen mit dem brasilianischen Nationalinstitut für Amazonasforschung an einem Zukunftsprojekt zur Erschließung nichtfossiler Energiequellen. John hat mehrfach Filmteams der BBC und des »National Geographic Magazine« kreuz und quer durch das Amazonasbecken geführt. Er ist ein richtiger Urwaldmann geworden – mit Leib und Seele. Moacir, den wir nur Mo nennen, ist Brasilianer und auf dem Amazonas zu Hause. Schon bei der ersten Vorstellung wissen wir, mit Mo gibt es viel Spaß. Er muß eigentlich nur den Mund aufmachen, und alle Passagiere lachen köstlich. Zu erwähnen ist auch noch Bruce Sorrie, der uns als Ornithologe begleitet. Bruce ist ein Pechvogel: Schon am ersten Tag hat er in Puerto Ordaz seine kostbare Leica verloren. Einfach beim Fotografieren liegengelassen! Aber er trägt den Verlust mit Fassung und freut sich unbändig auf alles, was da durch den Urwald fliegt. Da die Amazonasreise nicht voll ausgebucht ist, stehen die Chancen, daß ich mit Renate ein eigenes Fotografen-Zodiac bekomme, gut. Der Kapitän will sehen, was sich machen läßt.

Wir müssen uns auf dieser Reise an einen ganz neuen Lebensrhythmus gewöhnen. Geweckt wird vom Expeditionsleiter bereits in völliger Dunkelheit, so zwischen 5 Uhr und 5.30 Uhr! Bruce und Mo sind schuld daran: Bruce behauptet, vor dem Aufstehen sei die schönste Stunde für die »Birder«, und Mo weiß, daß ganz früh die Fische am besten beißen. Wir streiken und wollen in noch halber Nacht weder Fische fangen noch Vögel beobachten. Deshalb lassen wir uns einfach vom mitten im Strom ankernden Schiff an das nahe Ufer fahren. Da stehen einige armselige Hütten, in denen Halbindianer wohnen. Es gibt kaum noch reinrassige Indianer im Amazonasbecken, zumindest nicht an den großen Flüssen, die den Portugiesen als Wasserstraßen dienten. Die meisten Einwohner sind hier halb Portugiesen, halb Indianer. In Brasilien nennt man sie Caboclos. Sie leben von einer recht kümmerlichen Landwirtschaft und von den Produkten des Waldes. Natürlich kommt die Jagd dazu. Kaum sind wir am Ufer, schleppen die Männer ein Jaguarfell herbei und bieten es uns zum Kauf an.

»Nein danke, laßt den Jaguar leben!«

Auch wenn wir nicht kaufen, bieten uns die nur zerlumpte Shorts tragenden Männer Kaffee an und lachen dabei ständig – so einfach ist hier die Kommunikation.

Unser erster Morgen mitten im Dschungel. Alles trieft vom Morgennebel, aber die Papageien streiten sich schon recht lautstark in den Baumkronen, und ganze Affenrudel schwingen sich schrill schimpfend und palavernd von den tiefhängenden Ästen zum palmgedeckten Hüttendach neben uns. Wie recht hat Bruce: Die frühe Stunde ist ein wahres Geschenk für seine »Birder«, die jetzt irgendwo in einem Seitenarm, mit Ferngläsern bewaffnet, den unzähligen Stimmen und Lauten des Waldes lauschen. Die Menschen hier sind auch keine Langschläfer; sie gehen mit der Sonne schlafen und stehen mit ihr wieder auf. Sie rudern ihre schmalen Holzkanus bereits fleißig über den noch schwarzen Strom und halten neugierig Ausschau nach dem ankernden Schiff. Da sind Fremde gekommen – sicher kann man ihnen etwas verkaufen!

Plötzlich schaltet der liebe Gott seinen Scheinwerfer an und bringt mit dem hellen Strahl das Rot der »Society Explorer« zum Leuchten. Wie eine gemalte Kulisse erscheint das Bild in dieser sonst noch völlig farblosen Welt aus grauem Nebel, dunklem Wasser und schwarzen Baumsilhouetten. Kamera, Stativ und Fotograf sind bereit. Dann steigt die Morgensonne hinter die nächste Wolkenbank. Das Licht geht wieder aus. In meiner Position ist es gut, einen starken Anfang zu haben, und den habe ich genau in dem kurzen Moment erwischt. Stimmungen und Lichteffekte dauern oft nur Minuten oder Sekunden; ein Fotograf lernt unterwegs, solche Momente – und dazu den richtigen Standpunkt – zu erspüren.

Beim Frühstück an Bord leuchten die Augen aller Passagiere. Mo und seine Fischer hatten erstes Anglerglück, und die »Birder« zählen stolze 22 Vogelarten, die sie gesehen oder gehört, aber zumindest erahnt haben. John schleppt nach jeder Ausfahrt den halben Urwald mit an Bord und erklärt hier weiter seine Blüten, Blätter und Äste. Jedes Stück Dschungel macht seine Runde und geht von Hand zu Hand. Der Himmel bleibt grau und verschlossen und regenträchtig, der Wald an Back- und Steuerbord gleitet farb- und geräuschlos an uns vorüber. Im Vortragssaal werden Bilder vom Amazonas gezeigt, und es wird über den Regenwald doziert. Wir werden unsere Fragen später stellen und genießen von der Brücke aus die neue Dimension in unserem Leben: das gemächliche Durchgleiten der größten tropischen Wälder unserer Erde. Hier gibt es weder Frühling noch Sommer, Herbst oder Winter. Nur nasse und trockene Jahreszeiten. Wenn die Sonne scheint, wenn sie direkt aus dem Zenit kommt, dann bringt sie dir das Hirn im Schädel zum Kochen. Und wenn es regnet, zertrümmern dir die haselnußgroßen Tropfen jeden Schirm. Und irgendwo im Amazonasbecken regnet es immer. Zwischen diesen Extremen gibt es aber auch unendlich viele Zwischentöne; da ist die wirklich pechschwarze Nacht mit ihren unzähligen Urwaldgeräuschen, da sind weiße, schwarze oder stahlblaue Wolkenberge am Himmel, die erschreckend an einen Atompilz erinnern. Und die Sonnenuntergänge bringen das lehmig-gelbe Wasser so rot zum Glühen, daß der Reisende glauben könnte, sich mitten in einem brennenden Lavameer zu befinden! Die Durchschnittstemperatur dieser Tropenwelt beträgt 27 Grad Celsius – jahraus, jahrein. Sie kann auf 22 Grad fallen und auch auf 33 Grad steigen. (Diese Werte gelten für Manaus.) Frische Luft gibt es aber nie. Jetzt ist es angenehm auf der Brücke, nicht zu heiß und nicht zu kalt, und der Fahrtwind hat alle Mücken vertrieben. Gleich nach dem Lunch erfolgt der nächste Stopp. Da liegt ein kleines Dorf mit dem unbekannten Namen Curiapo. Lauter Holzhäuser mit häßlichen Wellblechdächern auf Pfählen. Alle Zodiacs schwärmen wieder aus, die »Birder« fahren mit Bruce in eine andere Richtung als die Fischer mit Mo, und John steuert mit seinen Botanikern direkt den Wald neben den Hütten an. Renate und ich entschließen uns für das Crewboot, das von Feli gesteuert wird.

Feli heißt eigentlich Felizitas und kommt aus dem deutschen Münsterland. Sie bedient im »Marco-Polo«-Restaurant und in der Lounge. Aber hier an Bord müssen Crew-Mitglieder oft mehrere Jobs übernehmen, und so werden auch junge Mädchen zur harten Arbeit eines Zodiac-Kapitäns ausgebildet. Dieser Job erfordert große Verantwortung und

Die Wolkenstimmungen wechseln von Minute zu Minute; einmal sind sie drohend schwarz, dann wieder dramatisch weiß. Regen trommelt auf unser Schiff, dann wieder gleißende Äquatorsonne. Die Reise über den größten Urwaldstrom der Erde lohnt sich schon alleine wegen der wechselnden Stimmungen des Himmels.

An der Mündung ist der Amazonas so breit, daß man keine Ufer erkennen kann, dann rückt der Urwald in Sichtweite. Großartige Stimmungen begleiten uns. Hier liegt eine pechschwarze Gewitterwand über dem Regenwald, der von der lehmigen Flut des gewaltigen Amazonas durchschnitten wird.

viel Gefühl für Wellen, Strömung, Wind und Hindernisse. In der Arktis und Antarktis sind es verborgene Klippen und scharfkantige Eisschollen, die ein Zodiac beschädigen können. In Indonesien dürfen Korallenriffe ebensowenig zerstört oder angekratzt werden wie der eigene Propeller, und hier im Urwald ist das Wasser so trübe – es gleicht oft einer dünnen Erbsensuppe –, daß man den Grund und eventuelle Steine auf ihm nicht sieht. Außerdem gibt es unglaublich viel Treibholz, und dieses Holz hat sich in langen Wochen und Monaten derart voll Wasser gesogen, daß es kaum noch über der Flußoberfläche herausschaut. Die Passagiere wollen aber immer und überall sicher befördert werden und nehmen dabei nur ungern nasse Kameras und nasse Pos in Kauf. Gute Zodiacfahrer sind wahre Künstler. Und Feli will Zodiac-Kapitän werden. Die Crew macht es ihr nicht leicht. Jeder weiß es besser und gibt Ratschläge:

»Mehr nach rechts!«

»Du mußt schneller fahren, so daß unser Boot ins Gleiten kommt. Dann haben wir nicht soviel Tiefgang!«

»Da kannst du nicht anlegen; siehst du nicht, wie morsch der Steg ist?«

»Sicher ist es besser, das Dorf von hinten anzufahren!«

Feli ist verwirrt bei so vielen »guten Tips« und macht das einzig Richtige. Sie kippt den schweren 50-PS-Motor hoch und verteilt Paddel an alle Besserwisser. Die brummen und lachen und geben neue Ratschläge. Langsam und sicher paddeln wir zum rückwärtigen Anlegesteg von Curiapo.

Feli aber wird im Laufe unserer Reise zum perfekten Zodiac-Kapitän! (Vor wenigen Tagen schickte mir Feli einen Brief und bat um einige Fotos, die sie als Zodiac-Fahrerin zeigen: »Damit man mir hier im Münsterland auch glaubt, daß ich wirklich Zodiac fahren kann!«)

Das Dorf Curiapo besteht ganz aus Holz und Wellblech; die Hütten sind aus Holz, die Stege zwischen den Pfahlbauten auch. Normale Wege gibt es gar nicht. Das ganze Dorf ist ein Rechteck in der Größe eines Fußballfeldes mit einem mehr oder weniger morschen Holzsteg, der die Häuser verbindet und oft auch zusammenzuhalten scheint. Auch hier wohnen Indianer, die sich Guarao nennen, in Wahrheit aber Mischlinge sind.

Indianer im Amazonastiefland stellen wir uns zunächst ganz anders vor, als halb oder ganz nackte Wilde, die mit großen Bögen und langen Pfeilen auf die Jagd gehen und selbst schnelle Fische im Wasser sicher treffen können. Die Menschen, die wir hier antreffen, hocken neben ihren wirklich armseligen, aber immer verblüffend sauberen Hütten und reparieren einen Außenbordmotor oder ihr Holzkanu. Sie tragen zerschlissene und von der Feuchtigkeit angeschimmelte Jeans oder Shorts und T-Shirts; dazu Turnschuhe von Adidas oder Puma! Viele haben plärrende Transistorradios und fragen, ob wir ihnen neue Batterien geben können. Und immer und überall werden wir in ihre Hütten gebeten, in denen Hängematten kreuz und quer aufgespannt sind, und bekommen Kaffee angeboten. Die Menschen sind, das ist mein Eindruck, ehrlicher und natürlicher als in den Städten und auf den Straßen Südamerikas. Alle, Alte und Junge, Männer und Frauen und vor allem Kinder, lassen sich gerne und völlig unkompliziert fotografieren. Von ganz Südamerika, mit Ausnahme von Argentinien und Chile, werden Horrormeldungen über die Kriminalität verbreitet. Während unserer Reise auf dem Fluß bemerken wir davon nichts, nicht bei diesen Menschen, die im Abseits leben, die hinter dem Horizont zu Hause sind.

Von Curiapo sind es genau 80 Meilen bis zur nächsten Straße, auf der man mit einem Auto in die »Zivilisation« fahren kann. Zwei Tage braucht ein Guarao, um mit seinem Außenbordmotor die Straße zu erreichen, mit dem Paddel ist er vier Tage unterwegs!

Nach drei Tagen auf dem Orinoko weiß Bruce voller Stolz zu berichten, daß er mit seinen »Birdern« 122 Vogelarten und 14 Insektenarten beobachten konnte.

Acht Meilen vor der Urwaldküste von Französisch-Guyana liegen die sogenannten Teufelsinseln, die durch das großartig verfilmte Buch »Papillon« zu Weltruhm kamen. Daß der Orinoko in Venezuela liegt und der Amazonas in Brasilien, weiß jedes Kind. Bei Guyana und seinen ehemaligen Sträflingsinseln muß man dagegen schon einmal in den Atlas schauen oder sogar ins Lexikon.

Französisch-Guyana liegt unmittelbar nördlich von der Amazonasmündung und umfaßt knappe 100 000 km^2 Dschungel, in denen rund 70 000 Menschen leben, meist Mulatten und Nachkommen der ehemaligen Sklaven auf den Zuckerrohrplantagen und der französischen Strafgefangenen. Heute nutzt Frankreich dieses Überseegebiet mit dem höllischsten Klima der Welt als Raketenstartgelände.

Wir wollen nicht Französisch-Guyana besuchen, sondern die drei ehemaligen Gefängnisinseln Ile Royale, Ile St. Joseph und Devil's Island. Die Inseln ragen grün und hoch aus den hier grauen Atlantikfluten. Im schäbigen Hafen liegen kleine französische Zoll- und Polizeiboote.

Besonders makaber ist die Insel St. Joseph mit ihrem düsteren Gefängnistrakt. Jeder Schritt treibt uns Schweiß aus allen Poren; die schwüle Urwaldluft scheint hier zu stehen. Der Himmel ist wolkenverhangen und dunkel. Noch dunkler ist es im großen Gefängnis. Lianen hängen gespenstisch von der Decke – der Urwald dringt durch die vergitterten Fenster. Gleich daneben die Einzel- und Dunkelzellen, aus denen heute Bäume wachsen. Deprimierend ist die Größe dieser Zellen: zweimal zwei Meter, keine Fenster, kein Licht. Alles ist glitschig und feucht, es riecht nach Moder und bedrückt den Besucher. Mörderisch die Hitze, schockierend die schwarzvergitterten Zellen, in denen Menschen – zwar Verbrecher, aber doch Menschen – jahrelang dahinvegetieren mußten. Eine Flucht von diesen Inseln war so gut wie ausgeschlossen. Unten im Wasser warteten ausgehungerte Haie und auf dem acht Meilen entfernten Festland Krokodile, die gerne Menschen fraßen, und Boas, die sie erdrosselten. Oberhalb der unfreundlichen Gefängnisanlage, die fast schon vom Urwald überwuchert ist, stehen die Häuser der Aufseher und die Reste einer verfallenen Kirche. Daneben liegt ein kleiner Friedhof, der nur für die Aufseher und ihre Familien gedacht war. Die Strafgefangenen, die hier an Tropenkrankheiten, Fieber, durch Unfälle und Mord starben wie die Mücken beim ersten Nachtfrost, wurden einfach den Haien vorgeworfen. Darüber berichtet auch Henri Charrière, genannt Papillon, dem tatsächlich die Flucht von dieser Teufelsinsel gelang:

»Dutzende Rückenflossen kommen aus dem Meer hervor, die Haifische tummeln sich in einem enger werdenden Kreis von ungefähr 400 Metern um uns herum. Da sind sie, die Leichenfresser, sie kommen zur rechten Zeit und an den rechten Ort zum Rendevous mit einem Sträfling.

Möge Gott geben, daß sie nicht Zeit haben, meinen Freund zu packen. Die Ruder sind aus dem Wasser, das Zeichen des Abschieds, die Kiste wird hochgehoben. Eingewickelt in die Mehlsäcke, gleitet Matthieus Körper, vom Gewicht des großen Steines gezogen, rasch ins Meer.

Entsetzlich! Kaum ist er ins Wasser gesunken, und ich glaubte, er sei verschwunden, steigt er wieder an die Oberfläche empor, von, ich weiß nicht wieviel, von 7, 10 oder 20 Haien hinaufgehoben. Bevor sich das Boot noch entfernen kann, sind die Mehlsäcke, die ihn einhüllten, heruntergerissen, und jetzt geschieht etwas Unbeschreibliches. Matthieu taucht zwei, drei Sekunden lang senkrecht aus dem Wasser auf. Der rechte Unterarm ist ihm schon amputiert. Mit dem halben Körper außerhalb des Wassers bewegt er sich geradewegs auf das Boot zu, und dann erst saugt ihn ein starker Wirbel auf Nimmerwiedersehen in die Tiefe. Die Haie sind unter unserem Boot hindurch geschwommen, haben es von unten angestoßen, und ein Mann hätte beinahe das Gleichgewicht verloren und wäre ins Wasser gefallen. Alle, auch die Wärter, sind vor Entsetzen wie versteinert. Zum ersten Mal wünschte ich zu sterben. Es hat wenig gefehlt, daß ich mich den Haien vorgeworfen hätte, um auf immer aus dieser Hölle zu verschwinden.«*

Nein, lustig ist dieser Tag nicht. Es gibt schönere Plätze auf einer Amazonasreise. Fahren wir also weiter.

Schon 200 Kilometer vor der eigentlichen Amazonasmündung färbt sich das Wasser des Atlantik lehmig-gelb. Wir fahren bereits in einer guten Mischung aus Salz- und Süßwasser, obwohl noch kein Horizont zu sehen ist. Der größte Urwaldfluß der Welt transportiert Jahr für Jahr etwa eine Milliarde Tonnen schwebendes Material vom südamerikanischen Kontinent in das Meer, das sind – so haben Experten ausgerechnet – täglich 9000 Güterzüge mit je 30 Zehn-Tonnen-Waggons voll Sand und Schlamm! Alles am und auf dem Amazonas besteht aus Superlativen.

* Aus: Henri Charrière, »Papillon«, München 1972

Die »Society Explorer« durchpflügt bei Sonnenaufgang die Amazonasfluten und wird schon in einer Stunde Manaus erreichen. Manaus ist Endstation normaler Kreuzfahrten, nicht aber für unser Schiff. »Society Explorer« und »World Discoverer« fahren tiefer in das grüne Paradies, bis die Anden in Peru jede Weiterfahrt stoppen. Das ist erst in Iquitos der Fall.

Und die Sonnenuntergänge! Sie sind ganz anders als im Norden oder Süden. Das Licht verändert sich von Minute zu Minute. Zuerst wird der Urwald schwarz und das Wasser golden. Dann rot und schließlich purpur. Die Farbe vergeht, Dunkelheit ergreift den Fluß – und erweckt das Leben im Wald.

Der Amazonas ist nicht nur ein Fluß, sondern ein gewaltiges Flußsystem. Das flache Becken liegt nur knappe 200 Meter über dem Meeresspiegel. Im Norden wird das Becken vom Bergland Guyanas, im Westen von den Anden und im Süden vom brasilianischen Hochland begrenzt. So stürzen von allen Seiten gewaltige Wassermengen in die über 6 Millionen km^2 große Schüssel. Es gibt kaum Gefälle, und so ist das Amazonasbecken tatsächlich mit einer großen Badewanne vergleichbar.

Vor Hunderten von Millionen Jahren gehörte Südamerika und mit ihm das flache Amazonasbecken zum Urkontinent Gondwanaland. Mit der heutigen Antarktis als Mittelpunkt umfaßte Gondwanaland Südamerika, Afrika, Indien und Australien. Damals, es gab noch keine Andenkette, floß der Amazonas westwärts, also genau entgegengesetzt. Deshalb ist das Becken heute noch an der Mündung und im Oberlauf so breit wie ein Delta. Vor hundert Millionen Jahren wurde Gondwanaland von starken vulkanischen Kräften aus dem Erdinneren heraus zerrissen. Die einzelnen Kontinente drifteten auseinander. Langsam falteten sich die Anden auf und versperrten den Amazonasabfluß im Westen. Es entstand ein gewaltiger Binnensee. Auf der Erde wurde es kälter und kälter, und immer mehr Regenwasser wurde an den Polen zu Eis gebunden. Der Meeresspiegel sank, und im Osten entstand dadurch ein neuer Abfluß für die große Badewanne Amazonas.

Jetzt begann der Fluß von den Anden zum Atlantik zu fließen. Das geschah vor etwa 50 Millionen Jahren.

Das Eis schmolz wieder, der Meeresspiegel wurde erneut angehoben, und es kam zu gewaltigen Überschwemmungen im Amazonasbecken. In diesem Werdegang liegt das Geheimnis des einzigartigen Biotops Amazonas. Die Wälder des Beckens haben nie eine direkte Eiszeit erlebt, sie stammen immer noch aus Gondwanaland! Sie sind über 100 Millionen Jahre alt und existieren seit dieser Zeit fast ungestört im gleichen Klima. Vergleichen wir dies mit europäischen oder nordamerikanischen Wäldern, dann können wir erstaunt feststellen: Die Wälder in unseren gemäßigten Zonen entstanden erst nach der letzten Eiszeit, das heißt vor etwa 11000 Jahren! Die Regenwälder des Amazonas sind also tausendmal älter als unsere Wälder. Erst mit diesem Wissen begreifen wir den ungeheuren Artenreichtum des Amazonas. In allen Flüssen Europas gibt es etwa 150 Fischarten, im Amazonas aber 1500! Forscher fanden im Amazonasbecken 500 verschiedene Baumarten auf einem einzigen Hektar und mehr als 600 Vogelarten auf einem Quadratkilometer. Die Artenforschung ist noch nicht abgeschlossen, und bei vielen Zahlenangaben handelt es sich um Schätzungen oder Hochrechnungen. Aber wie genau Hochrechnungen sind, wissen wir von unseren Wahlabenden. Die tatsächlichen Abweichungen betragen nur wenige Prozentpunkte. Eine solche Hochrechnung besagt, daß in den Amazonaswäldern etwa 30 Millionen Arten – das betrifft Pflanzen und Tiere – existieren. Das ist das 30fache des Artenbestandes aller übrigen Lebensräume!

Auf diese Tatsache wird bei allen aktuellen Meldungen über das Regenwaldsterben viel zu wenig hingewiesen. Wir hören immer nur das Schlagwort vom Treibhauseffekt. Das ist schlimm genug. Wir Industrienationen blasen durch unsere Verbrennungswut – sprich Energieverschwendung – jährlich mehr als 20 Milliarden Tonnen Kohlenstoffdioxid in die Atmosphäre und erhöhen dadurch unsere Lufttemperatur so stark, daß Gletscher und Polkappen zu schmelzen beginnen. Am Ende dieses Prozesses überschwemmen wir große Teile unserer ohnehin viel zu engen Erde. Inzwischen weiß man, daß durch die Verbrennung des Regenwaldes noch einmal ebenso große Mengen an Kohlenstoffdioxid freigesetzt werden wie in den Industrienationen.

Die Belastung unserer Atmosphäre durch diese Stoffe ist schlimm und deprimierend – aber letztlich läßt sich das alles reparieren, auch wenn es hundert oder tausend Jahre dauern wird. Aber mit der Verbrennung und Abholzung des Regenwaldes vernichten wir das Leben unseres Planeten, das in Millionen Jahren entstanden ist. Das läßt sich auch in Millionen Jahren nicht mehr reparieren. Hier liegt die ganz große Gefahr und Bedrohung unserer Zeit.

Selbst wenn wir ganz Europa zubetonieren – was ja schon zu einem guten Teil geschehen ist –, entstünde ein geringerer Artenverlust als bei der Verbrennung von nur einigen Quadratkilometern Regenwald im Amazonasbecken!

Wir sehen keine Ufer, aber wir wissen, daß wir auf dem großen Strom unterwegs sind. Nur langsam werden die flachen Wälder sichtbar. Unablässig stampft unser kleines rotes Schiff stromauf. Es bleibt beim frühen Weckruf – wir haben uns daran gewöhnt. Inzwischen haben wir sogar unser eigenes Fotografen-Zodiac. Der Bäcker des Schiffes, Christoph Mathis aus Vorarlberg in Österreich, soll und möchte ebenfalls Zodiacfahren lernen. Niemand sagt hier Christoph zu dem jungen Burschen, alle nennen ihn nur Baker! Der Kapitän stellt ihn und sein Schlauchboot für uns ab. Das hat große Vorteile, denn jetzt sind wir fotografisch völlig frei und von dem Gruppenprogramm unabhängig. Allerdings sind wir auch das einzige Boot ohne wissenschaftliche Begleitung. Bald kommt unter den Passagieren erste Eifersucht auf, denn die Boote haben immer feste Ziele: Vogelbeobachtungen, Pflanzenkunde, Insekten und Schmetterlinge oder Fischen mit Mo. Das alles sind wichtige Erkundungsziele hier auf dem Amazonas; wir aber steuern fast immer die ersten sichbaren Hütten an und besuchen fast täglich wildfremde Menschen. Die Amazonasregion besteht vor allem aus grüner Wildnis, aus Bäumen und Lianen und Blüten, aus Tausenden von Tieren und aus Himmel und Wasser. Die Menschen spielen hier eine ganz untergeordnete Rolle. Es gibt kaum Städte und nur wenige richtige Dörfer. Trotzdem sieht man überall einzelne Hütten, oft stehen sie ganz alleine irgendwo am Ufer. Fast neben jeder Hütte gibt es ein kleines Stück kultivierten Landes mit ganz jämmerlichen Pflanzungen. Die Hauptnahrung ist überall die Maniok-Wurzel und der Fisch. Oft finden wir sogar winzige Gemüse- und Kräuterbeete in einem Kanu auf Stelzen. Und auch die meisten Hütten kann man nur über eine wackelige Holzleiter direkt aus dem Wasser erreichen. Wir haben Familien getroffen, die konnten ihre eigene Toilette von der Hütte aus nur per Boot erreichen. Mal eben ans Ufer fahren und ein Stück in den Urwald laufen, das ist in den meisten Fällen gar nicht möglich. Am Ufer beginnt überschwemmtes Land. Hier wohnen die Menschen nicht nur auf dem Fluß, sondern sie leben ganz auf dem Wasser.

An einem Tag betreten wir eine Hütte, in der nur ein vielleicht achtjähriges Mädchen mit einem Baby zu sehen ist. Mit eigener Zeichensprache erkundige ich mich, ob wir eintreten dürfen. Die Kleine lächelt und winkt uns in ihr Haus. Auf dem Rost brät ein Fisch. Hausrat gibt es kaum. Zwei Hängematten, etwas Geschirr, einige Dosen. Aber es gibt einen Besen, und während ich in der gastlichen Hütte mein Stativ aufbaue, fegt die Kleine lachend unsere Fußspuren fort. Wir haben vergessen, uns die Schuhe auszuziehen. Die Sauberkeit dieser Urwaldhütten setzt uns schon seit Wochen in Erstaunen – und ebenso die völlig unkomplizierte und ganz natürliche Gastfreundschaft der Menschen auf dem Wasser.

Wir haben keine Gastgeschenke und fordern immer nur, indem wir pausenlos und überall fotografieren. Mit Geld will ich gar nicht erst anfangen. Baker weiß Rat. Er hat in seiner Küche Marzipan, das er aus irgendwelchen Gründen nicht zum Backen einsetzen will. Es handelt sich einfach um eine falsche Lieferung, die an Bord nicht zu gebrauchen ist. Aber es ist gutes und sehr fettreiches Marzipan, abgepackt wie bei uns das halbe Kilo Butter. Fortan hat Baker immer einen Rucksack voll Marzipan dabei, und wir schenken unseren Gastfamilien diese für sie fremde Köstlichkeit. Sie lachen und probieren und wissen nicht so recht, was sie mit dem Marzipan anfangen sollen. Aber ihre Augen leuchten dankbar, und die Packungen landen stets bei den bescheidenen Küchenvorräten. So stellen wir bei vielen Familien die Ernährung um auf Maniok, Fisch und Marzipan! Ich bin inzwischen sicher, man könnte den ganzen Amazonas im Kanu bereisen und seine eigene Hängematte Abend für Abend in eine blitzsaubere Hütte hängen. Diese Besuche machen uns ebensoviel Spaß wie anscheinend auch den Menschen am Fluß. Dann fahren wir wieder zurück zu den anderen Booten, die irgendwo im Grün des Waldes liegen und in denen unsere Wissenschaftler die wilde Natur erklären. Wir lernen viel und verlieren rasch die Furcht vor dem Urwald. Hatten wir nicht immer die Vorstellung, hier würden die Menschen am Fieber sterben, von Vogelspinnen totgebissen oder in Sekundenschnelle von Piranhas bis auf die Knochen abgenagt werden? Oder man würde als Reisender mit einem Curare-Giftpfeil aus dem Hinterhalt erschossen? Solche Bilder vom tropischen Regenwald haben sich bei mir und sicher auch bei vielen anderen

Grün, grün und immer wieder grün ist der Wald am Fluß. Nur ab und zu leuchtet eine Blüte unter dem hohen Blätterdach wie hier der Hibiskus, der nur blühen kann, weil ein Sonnenstrahl seinen Weg bis zu ihm herunter findet.

Der Tropische Regenwald ist überreich an Tierleben. Immer und überall, vor allem in den frühen Morgenstunden, können wir die Tiere hören. Wir sehen sie aber nur selten, denn der Wald ist dicht und dunkel.

Hier springt ein Totenkopfäffchen durch den Blätterwald, es wird von einem winzigen Sonnenstrahl getroffen.

Menschen nach abenteuerlichen Expeditionsfilmen und -büchern fest eingeprägt. Nein, das hier ist keine »grüne Hölle« sondern ein »grünes Paradies«.

Natürlich gibt es erschreckend große Vogelspinnen, mit Beinen, die eine Spannweite von über 20 Zentimetern haben und die mit acht Augen nach Beute Ausschau halten. Und sie sind auch tatsächlich höchst giftig. Aber keine Vogelspinne denkt im Amazonasgebiet daran, einen Menschen anzugreifen und zu beißen, wenn man sie nicht gerade anfaßt und damit reizt. Es gibt auch tatsächlich gefährliche Piranhas; vor allem der große »schwarze Piranha« ist nicht so harmlos wie die meisten Fische, und sicher hat er manchem Fischer auch schon einen Finger oder einige Zehen abgebissen, aber es stimmt nicht, daß er Menschen tötet, um sie bis auf die Knochen abzunagen.

Mo sagt, daß Piranhas nur leblose Körper abnagen und rät uns, im Wasser ständig in Bewegung zu bleiben. Erst wenn wir uns ruhig treiben lassen, droht Gefahr von diesen Fischen.

Wir laufen sogar Wasserski hinter den starken Zodiacmotoren und achten dabei darauf, nie ganz, auch beim Start im Wasser, still zu stehen und so Mos Ratschlag zu befolgen.

Mo hat uns beigebracht, wie man Piranhas fängt und über dem Feuer als Delikatesse grillt. Es gibt Tage, da bringen Mos Fischer mehr als zwei Dutzend Piranhas mit an Bord, und Mo selbst öffnet noch lebendigen Tieren das Maul, um mir und meiner Kamera das furchterregende Gebiß zu zeigen.

Wie ist es mit den Schlangen? Tritt man nicht zwangsläufig auf sie, wenn man durch den Urwald läuft? Oder warten die gefährlichen Giftschlangen nicht oben im Geäst, um sich auf den Waldwanderer zu stürzen? Und die Anakonda? Wird sie nicht bis zu 20 Meter lang? Das alles sind Vorurteile. Ich habe während der langen Amazonasreise keine einzige Schlange gesehen. Es gibt Schlangen, giftige und harmlose, aber sie sind im Regenwald sehr selten und auch gar nicht angriffslustig. Die größten Anakondaschlangen, die man dort gesehen hat, hatten eine Länge von 9–10 Metern. 20 Meter lange Schlangen sind Fabeltiere!

Nein, Abenteurer haben früher oft übertrieben. Heute kann jeder Mensch überall hinreisen, und da sieht die Welt in den meisten Fällen recht harmlos und weniger lebensfeindlich aus. Eine Wasserskirunde auf dem Amazonas halte ich trotz Piranhas für weniger gefährlich als eine Autofahrt über das Frankfurter Kreuz!

Dort, wo der Rio Tapajós in den Amazonas fließt, gibt es weite Sandstrände und ruhiges, sauberes Wasser, in dem es sich sehr gut Wasserski fahren läßt. Die Abendsonne übergießt den Zusammenfluß zuerst mit purem Gold, dann mit dunklem Rot und schließlich mit reinem Purpur. Nirgendwo anders sind Sonnenuntergänge so farbintensiv und beeindruckend wie hier im Amazonasbecken. Das liegt ganz einfach an der extremen Luftfeuchtigkeit und an der spektakulären Wolkenbildung. Der Regenwald bildet seine Wolken selber durch ständige Verdunstung. 74 Prozent aller Niederschlagsmengen produziert der Amazonaswald, nur die restlichen 26 Prozent bringen die Passatwinde vom Atlantik heran, und diese »Fremdregenmenge« fließt durch den Amazonas auch wieder zurück zum Meer.

Die Küchenmannschaft mit dem Schweizer Spitzenkoch Pierre Wenger hat in einem Palmenhain auf der großen Sandbank ein zünftiges Barbecue aufgebaut, und bald schon lodert ein beachtliches Feuer am Strand und vertreibt die Mücken. Die Flammen zucken in die jetzt pechschwarze Nacht, und auf dem dunklen Urwaldstrom liegt die »Society Explorer«, hell erleuchtet wie eine Weltraumstation mitten im Universum. Die ersten Passagiere pendeln mit den Zodiacs zurück zum Schiff. Nur noch eine kleine Schar Unentwegter sitzt um das Feuer und lauscht den Liedern von John, der sich heute Abend als großartiger Sänger und Gitarrenspieler entpuppt. John liebt seinen Wald und die Romantik.

»Sag mal, John, wir sind täglich in fremden Häusern und sehen um die Hütten herum immer nur ganz armselige Anpflanzungen. Im Wald dagegen scheint alles und jedes zu wachsen wie nirgendwo sonst auf der Welt. Warum wachsen Obst und Gemüse nicht genau so wild auf den Feldern?«

John legt seine Gitarre in den Sand und zündet sich eine Pfeife an. Auch ein Mittel, um die Mücken zu vertreiben. Er stößt die ersten Rauchwölkchen in die Nacht und wirft neues Holz in die Glut.

»Weißt du, die Sache ist eigentlich paradox. Nirgendwo auf der Welt gibt es so viele Lebensformen wie hier im Wald, und die Bäume wachsen mit Tausenden von Schmarotzerpflanzen um die Wette und tatsächlich in den Himmel. Und dennoch ist das ganze Amazonasbecken eine reine Wüste. Eine grüne Wüste! Ist dir noch nicht aufgefallen, daß es im Wald kaum Menschen gibt? Die Erde ist total überbevölkert – warum drängen die Menschen nicht längst in die Regenwälder, in denen das Leben anscheinend nur so überläuft? Das geht eben nicht; Pflanzen und Tiere können hier leben, vor allem kleine und kleinste Tiere, nicht aber Menschen. Die wenigen Indianer sind die Ausnahme, und sie haben es deshalb auch nie zu sonderlichen Reichtümern gebracht. Der Boden ist hier ausgelaugt und so gut wie tot. Die Wälder wachsen hier nicht im Boden, sondern auf dem Boden, und das seit Millionen Jahren. Fast alles, was an Nährstoffen auf den Boden fällt, wird umgehend verarbeitet oder von Regengüssen oder Überschwemmungen wieder fortgespült. Weil das so ist, haben die Wälder ihr eigenes Versorgungssystem entwickelt. Baumstämme und Wurzeln sind zum Beispiel überall mit Pilzen überwuchert. Diese Pilze können mineralische Nährstoffe aus verwesenden Blättern unmittelbar an die Wurzel weiterleiten. Wirfst du hier ein Blatt auf den Boden, wird es morgen schon verschwunden sein. Ameisen zerkleinern es blitzschnell und bringen es in ihre Höhlen, direkt in den Baum oder dicht an ihn zurück. Der Kreislauf ist hier viel enger als in gemäßigten Zonen. Nährstoffe werden den Pflanzen auf dem kürzesten Weg zurückgeführt, ohne lange Umwege über die Erde. Und weil das so ist, wächst nichts auf den Feldern der Menschen, und die täuschen sich gewaltig, wenn sie den Wald roden und Kulturland erhoffen. Die Rechnung geht einfach nicht auf. Der Boden taugt nicht für Kulturland, und einen Baum kann man nur einmal verkaufen. Die ganze Spekulation mit einem blühenden Garten Eden im Amazonasbecken, mit saftigen Weiden für große Rinderherden und Gemüseanbau ist ein Traumgebilde der Regierungen. Der Boden der Sahara ist um vieles besser und für die Kultivierung interessanter.«

Johns Pfeife ist ausgegangen; er stopft sie nach und zündet den Tabak mit einem Ast aus dem Feuer wieder an. Dann greifen seine Finger erneut in die Saiten der Gitarre, nicht kräftig und laut, eher verhalten und leise, um die Geräusche des Urwaldes nicht zu stören.

Mitternacht ist lange vorüber, der Dschungel ist schlafen gegangen. Mark Trump, der den ganzen Nachmittag Wasserskiläufer über den Rio Tapajós gezogen hat, bringt uns als letzte Nachtschwärmer zurück zur »Society Explorer«.

In einem schmalen Seitenarm des Amazonas finde ich ein Motiv in besonders schönem Licht. Ein Indianer hat ein rotes Segel über sein Kanu gespannt, das von letzten Sonnenstrahlen vor einer schwarzen Wolkenwand beleuchtet wird. Baker folgt dem Mann geschickt in gleichbleibender Entfernung von zehn Metern, so daß ich in aller Ruhe meine Bilder schießen kann. Die Wolkenwand wird rasch dunkler und drohender und schwappt jetzt vor die Sonne. Zeit zum Umkehren. Plötzlich zerreißen grelle Blitze den Himmel, und es kracht, bevor der Blitz verglüht ist. In wenigen Sekunden wird der Regen da sein. Baker wendet das Zodiac und gibt Vollgas. Bis zum Schiff sind es mindestens zwei Meilen oder mehr.

Der Himmel hat eine purpurne Farbe angenommen und entleert sich plötzlich mit gewaltigen Tropfen. Eine ganze Wasserwand scheint aus den Wolken zu stürzen. Längst ist vom Ufer nichts mehr zu sehen.

»Gio, Gio, this is Baker, we need the gangway. Quick please«, ruft Baker in sein wasserdichtes Walkie-talkie.

Gio, der immer fröhliche und lachende Philippine, hat Gangway-Dienst und läßt diese immer nur hinunter, wenn ein Zodiac ab- oder anlegt. In großer Geschwindigkeit »vorbeifahrende« Baumstämme könnten die herabgelassene Gangway beschädigen oder gar zerstören. Das Treibholz auf dem Amazonas ist nicht ungefährlich. Tagsüber versucht die »Society Explorer« großen Stämmen auszuweichen, nachts gibt es oft Schläge, die uns aus dem Schlaf reißen und den ganzen Schiffsrumpf erschüttern wie ein Kanonenschuß.

Wie weit ist es noch zum Schiff? Wir versaufen ja schon fast im Schlauchboot! Da taucht die Silhouette im Grau des rauschenden Tropenregens auf. Aber die Gangway ist nicht unten!

Im Amazonasbecken gibt es nur noch wenige reinrassige Indianer. In den meisten Fällen treffen wir auf Mischlinge: Indianerblut, gemischt mit weißem Siedlerblut. Alle Mischvölker dieser Erde verbindet ein gleiches hartes Los; sie sind entwurzelt, heimatlos. Aber die Fröhlichkeit ist diesen Kindern geblieben, und Fröhlichkeit ist hier schon großer Reichtum.

Blick in eine Indianerhütte am oberen Amazonas. Armut und unterentwickeltes Leben? Ja und nein! Wie könnten wir Menschen »entwickeln«, die lächeln? Lassen wir ihnen den Wald, den sie so brauchen wie wir.

»Gio, Gio, here is Baker, the gangway, quick, don't verarsching me!«

Sicher weiß Gio mit dieser Wortkonstruktion eines Vorarlberger Seemannes nichts anzufangen, aber die Gangway bleibt oben, und der Regen fällt wie aus einer Dusche auf uns nieder.

»Schnell auf die andere Seite des Schiffes, in den Windschatten«, rufe ich Baker zu. Wir rasen um das Heck und halten uns so dicht wie möglich an der Stahlwand, die uns ein wenig vor dem Wasser von oben schützt. Aber wir blicken in die falsche Richtung und bemerken nicht, daß wir bei diesem Manöver genau unter den Abfluß des Kühlwassers geraten. Wahre Angel-Falls ergießen sich auf uns und meine Kamerakiste. Wir lachen und fluchen. Chaos. Da krächzt Gios Stimme aus dem Walkie-talkie:

»Baker, Baker, here is Gio, gangway is coming, what means ›don't verarsching me‹ please?«

Kurz vor der Urwaldstadt Manaus fließt der Rio Negro in den Amazonas. Da gibt es einen Platz, der heißt »The Meeting of the Waters«. »Schwarzes« Rio-Negro-Wasser trifft sich hier mit dem »weißen« Wasser des Amazonas. Beide Wasserfarben fließen meilenweit messerscharf getrennt nebeneinander, bevor sie sich vermischen. Immer wieder ist von weißem und schwarzen Wasser die Rede. Beides stimmt nicht, denn das sogenannte weiße Wasser ist eher lehmig-gelb und das schwarze Wasser in Wahrheit rotbraun wie Coca Cola. Nur die Menge läßt es schwarz erscheinen. Wir wissen auch inzwischen von Mo, daß im weißen Wasser viel mehr Fische leben, vor allem die Piranhas, und daß schwarzes Wasser ideal zum Baden und Wasserskilaufen ist. Die Begründung dieser Farbunterschiede ist simpel und logisch. Alle Flüsse, die aus den Anden kommen, also von West nach Ost fließen, haben weißes Wasser mit vielen Schwebeteilchen und sind reich an Mineralien. Die Flüsse dagegen, die von Norden oder Süden in den Amazonas fließen, sind schwarz und viel klarer; sie sind so sauber, daß man ohne Bedenken aus ihnen trinken kann. Die Felsformationen der Bergländer von Brasilien und Guyana sind viel älter als die der Anden, und was ein Fluß von ihnen abwaschen kann, das hat er längst abgespült, das wurde in Jahrmillionen mitgerissen. Vereinfacht könnte man sagen, daß weißes, nährstoffreiches Wasser aus den jungen Anden herunterfließt, schwarzes, nährstoffarmes Wasser dagegen direkt aus Gondwanaland kommt.

Ich möchte dieses »Meeting of the Waters« gerne aus der Luft fotografieren und suche nach einem Flugzeug. Mo weiß Rat, er hat einen Freund in Manaus; Bennie de Marchant, Missionario-Piloto. Mo nennt ihn nur »The flying pastor«. Einen Abend vorher rufen wir an. Bennie ist nicht zu Hause, nur seine Frau, und die sagt, daß ihr Mann erst mitten in der Nacht von irgendwoher zurückkommen wird.

»O.K.«, meint Mo, »richte Bennie aus, daß wir ihn morgen früh um 7 Uhr beim ›Meeting of the Waters‹ erwarten. Er soll eine Tür aushängen, damit wir professioneller fotografieren können. Wir verlassen uns darauf – und viele Grüße!«

Ich informiere den Kapitän über meinen Plan. Er wird pünktlich um 7 Uhr am richtigen Platz sein. Tatsächlich, an Steuerbord ist das Wasser sauber schwarz, an Backbord erbsensuppengelb. Der Kapitän ist auf der Brücke, Mo ist auch da, aber kein Flugzeug in Sicht. Dabei können wir von dieser Stelle aus den kleinen Buschflugplatz mitten im Dschungel durch das starke Fernglas beobachten. An Steuerbord erkennen wir einen Hangar und sehen auch ein Flugzeug. Ich glaube, Menschen an der Maschine zu erkennen. Wenige Minuten nach 7 Uhr bewegt sich das Flugzeug. Ich gebe dem Kapitän mein Glas. Ja, jetzt startet es und hält genau auf uns zu. Im Tiefflug zieht der fliegende Pastor eine Schleife und wackelt zum Gruß mit den Tragflächen. Schon setzt er, nur 50 Meter hinter der »Society Explorer«, auf dem Wasser auf und kommt an Backbord längsseits. Viele Passagiere, die über meinen Luftausflug gar nicht informiert sind, stürzen mit ihren Kameras und Videogeräten an Deck. Larry läßt ein Zodiac zu Wasser und fährt Mo, Renate und mich die zehn Meter hinüber zu der kleinen Cessna. Die rechte Tür ist tatsächlich ausgehängt.

»Hallo Mo, how are you?«

»Fine, Bennie, thank you, here are Helfried and Renate, show us the ›Meeting of the Waters‹ from the air and a little more from our beautiful Amazon. Let's go!«

Mo zwängt sich in den Sitz des Co-Piloten, Renate und ich schnallen uns hinten an. Ich sitze direkt neben dem offenen Türloch, und schon startet der fliegende Pastor durch und kreist recht tief über der »Society Explorer«. Wir sehen die Passagiere winken, und Kapitän Aye dreht eine Ehrenrunde für meine Kamera. Die Morgensonne klettert über den Horizont und erwischt gerade erst die weißen Aufbauten des kleinen roten Schiffes. Dann geht es im Tiefflug nach Manaus, und wir kreisen über der Urwaldoper, die hier recht deplaziert wirkt und von den unerfüllten Träumen des Kautschukbooms erzählt. Dieses legendäre »Theatro Amazonas«, dessen Dach einmal mit echtem Gold belegt war, gilt als Symbol des Wahnsinns. Der große Caruso hat dort gesungen. Als Manaus zur Jahrhundertwende seinen großen Kautschukboom erlebte und Tausende von Abenteurern in den Dschungel strömten – ganz ähnlich wie beim Goldrausch in Alaska –, um hier den in der zivilisierten Welt so begehrten Kautschuksaft von den Gummibäumen abzuzapfen, baute der Musikfanatiker »Fitzcarraldo« den Prachtbau, mitten im Urwald und unter größten Strapazen. Indianer mußten sogar einen Dampfer über einen Berg durch den Dschungel ziehen, der Baumaterial für die Oper an Bord hatte. Diese Episode wurde von Werner Herzog mit Klaus Kinski als Fitzcarraldo glänzend verfilmt.

Gleich neben der Millionenstadt beginnt wieder Urwald. Bäume und Wasser, soweit das Auge reicht. Unter uns liegt ein ganzes Labyrinth von Inseln wie in einem riesigen See. Dabei sind wir gute 1500 Kilometer von der Atlantikküste entfernt. Die vielen Inseln haben sich hier durch sandige Ablagerungen des Rio Negro gebildet, der vom schneller fließenden Wasser des Amazonas abgebremst wird. Während wir unten auf dem Fluß ständig Menschen begegnen und auf Hütten treffen, ist aus der Luft von Zivilisationsspuren so gut wie nichts zu sehen. Wald und Wasser bis zum Horizont.

Plötzlich dreht sich Bennie um und schreit mir im Fluglärm etwas zu. Ich verstehe nur so viel: Ich soll mich hinausbeugen und irgendeinen Hebel über der Tragfläche betätigen. Aber ich finde diesen Hebel nicht. Also hängt sich Bennie selbst weit aus seinem Flugzeug und fummelt an verschiedenen Knöpfen und Hebeln herum. Wir verlieren schnell an Höhe. Bennie zieht sich wieder zurück und lacht:

»Alles o. k., ich werde jetzt zurückfliegen, aber tiefer, das spart Benzin, und Benzin ist seit letzter Woche verdammt teuer geworden.«

Wir fliegen direkt über dem Wasser, nicht einmal über den Baumkronen. Macht der Fluß eine Schleife, dann zieht Bennie sein Flugzeug kurz hoch und »springt« über den Wald in das folgende Flußbett. Eine seltsame Art, Sprit zu sparen. Aber lustig ist es, und Mo freut sich wie ein Kind auf der Achterbahn.

Nach zwei knappen Flugstunden kreisen wir über dem Hafen von Manaus. Zwischen all den winzigen Flußdampfern sieht unsere »Society Explorer« direkt groß und stattlich aus. Der fliegende Pastor landet mitten zwischen den Dampfern und Kanus und wirft seine Leine einem Wohnboot über die schwache Reling.

»Hallo und guten Morgen. Dürfen wir euer Boot als Gangway benutzen?«

Wir verabschieden uns, nachdem wir einen stattlichen Preis an den kirchlichen Dschungelpiloten bezahlt haben, und turnen über das fremde Wohnboot zur Pier. Die »Society Explorer« liegt nur 50 Meter entfernt.

Hier in Manaus ist die große Reise auf dem Orinoko und dem Amazonas zu Ende. Aber wir bleiben an Bord und beginnen eine neue, zum oberen Amazonas, denn wir wollen die gesamte mögliche Länge des Amazonas befahren.

Vertraute Gesichter verschwinden in Richtung Airport, neue Gesichter tauchen an Bord auf. Auch bei Crew und Staff gibt es Wechsel, nicht dagegen bei den Offizieren und Lektoren. Baker bleibt uns erhalten, Expeditions-Leiter Larry Hobbs wird durch David Kaplan ersetzt.

Am interessantesten erscheint mir neben dem Kuriosum Opernhaus der unglaublich bunte Hafen in der sonst recht tristen Großstadt Manaus. Die Stadt ist zum Versorgungszentrum des gesamten Amazonasbeckens geworden. Hier kann man fast alles finden und kaufen, was das Leben im Urwald lebenswert macht.

John wird von einem kaffeebraunen, bemerkenswert hübschen Mädchen auf der Pier empfangen und strahlt – aber am Nachmittag muß er schon wieder Abschied nehmen. Job ist Job, und Manaus ist Manaus!

Die Society Explorer auf dem Orinoko. Frühe Morgensonne bricht durch die dunklen Tropenwolken und trifft für Sekunden unser rotes Schiff. Ein letzter Tag im Regenwald, dann steuert der Kapitän hinaus auf den Atlantik.

In vier Wochen auf dem Amazonas haben wir nur einmal eine Touristenvorführung von Indianern erlebt. Das war in Pevas, der ältesten Siedlung im Amazonasgebiet. Hier zeigen uns Huitoto-Indianer ihre alten Traditionen. Der Stamm der Huitoto gehört zu den letzten »echten« Indianern Perus.

Die bunten Menschen aus allen Himmelsrichtungen schleppen pausenlos Waren zu irgendwelchen Urwaldschiffen: Videogeräte und Transistorradios, gewaltige Stapel Matratzen und ganze Bettgestelle (dabei ist die Hängematte nach wie vor das Idealbett in dieser Tropenwelt; wir kaufen auch zwei davon in Manaus), Eimer, Schüsseln und Wannen aus rotem, grünem und gelbem Plastik, Bretter und Wellblech, Generatoren und tausend andere Dinge. Die vielen gleich aussehenden Schiffe tragen exotische Namen als Zielorte und füllen sich zusehends. Die Menschen laden ihren Hausrat irgendwo an Deck ab – dort sieht es aus wie in einem riesigen Warenhaus – und binden ihre Hängematten an die Pfeiler, kreuz und quer. Ich bewege mich mit Blitz und Kamera mitten zwischen der bunten Unordnung. Die fremden Menschen lachen und winken und wollen wissen, ob wir mit ihnen reisen. Mit diesen Schiffen kann man von Manaus aus fast jeden Ort und jede Hütte im Umkreis von tausend Kilometern sicher erreichen.

Es gibt drei Klassen an Bord: Ganz unten, neben der Hitze und Gestank ausspuckenden Dieselmaschine kostet jeder Fahrtentag 10 US-Dollar, in der zweiten Klasse, ein Deck höher, 14 Dollar und ganz oben in der ersten Klasse in etwas frischerer Urwaldluft 20 Dollar. Die Hängematte muß der Fahrgast ebenso mitbringen wie seine Verpflegung.

Wir bekommen große Lust, einfach mitzufahren – irgendwohin, denn alle Routen und Ziele gleichen sich im Amazonastiefland.

Vor uns liegen zwei weitere Wochen Urwald. Der Fluß wird schmaler, oft fahren wir dicht am Ufer entlang und sehen stundenlang in die grüne Wand aus mächtigen Bäumen, Lianen und Luftwurzeln. Hunderte von Grüntönen leuchten hell in der Sonne. Millionen Bäume kämpfen miteinander um das Licht von oben. Unzählige Schmarotzerpflanzen drängen sich um Baumstämme und Äste. Und das alles seit Millionen Jahren.

Der obere Amazonas erscheint mir noch wilder, noch ursprünglicher. Die Menschen sind auch hier Mischlinge, sehen aber Indianern viel ähnlicher als im Unterlauf des Amazonas. Große Schwärme von Delphinen umspielen unser Schiff und folgen uns. Wir haben jetzt einen Lotsen aus Manaus an Bord und sind alle sprachlos über sein Können und Wissen. Da fahren wir in stockdunkler Nacht und suchen irgendeinen kleinen Nebenarm des Amazonas, in den wir am nächsten Morgen unsere Zodiacs lenken wollen. Wir sehen gar nichts, nur tiefes Schwarz an Backbord und ebensolches Schwarz an Steuerbord. Kapitän Aye sieht nicht mehr als wir. Sagt er jedenfalls. Plötzlich ruft der Lotse: »Stop, there we are!« Der starke Suchscheinwerfer wird eingeschaltet. Er trifft genau die angepeilte Flußmündung.

Da viele Bilder belichtet sind, nehmen wir uns jetzt mehr Zeit, um den Urwald zu genießen und zu erleben wie die anderen Passagiere. Wir folgen mit Baker den übrigen Zodiacs im allerersten Morgenlicht und schalten irgendwo unter dem Blätterdach, das den Flußlauf völlig dicht überspannt, den Motor aus. Wir lassen uns im fast stehenden Wasser treiben. Und schon beginnt das Konzert. Affen schreien am lautesten, und bei ihrem Toben krachen die Äste. Ähnlich laut sind auch die Papageien, deren Schatten wir erkennen. Und dann die Frösche. Da ruft, lockt, schreit und knackt es. Über unsere eigenen Lippen kommt kein einziges Wort, es würde so einen Morgen nur stören. Nur ab und zu kurze Kommandos und Anweisungen im Walkie-talkie. Sieht ein Boot etwas Besonderes, z. B. ein Faultier dicht am Ufer, dann gibt der Lektor oder Zodiacfahrer allen anderen die Nachricht weiter, obwohl die einzelnen Schlauchboote oft meilenweit voneinander entfernt sind.

Keine Phantasie scheint mir auszureichen, um sich dieses Naturwunder vorstellen zu können. Nur das unmittelbare Erleben all dieser Überraschungen und Stimmungen, der Urwaldgeräusche, der unzähligen Grüns und der endlosen Wasserläufe schafft etwas Vorstellung von der Dimension Tropenwald. Wir atmen Luft voller Feuchtigkeit und riechen Moder. Der Urwald dampft und scheint zu kochen. Hier gibt es keinen Horizont. Ich fühle mich in diesem Halbdunkel weit verlorener und isolierter als mitten in der Sahara oder auf dem »Dach der Welt«, irgendwo in Tibet. Wir sind in Gondwanaland!

Vandaval ist die erste richtige Indianersiedlung auf unserer Reise. Ticuna heißt der Stamm; er gehört zu den größten im Amazonasbecken. Etwa 20 000 Ticunas leben in Brasilien und Peru. Kapitän Aye kennt und liebt Vandaval und hat dem Dorf in früheren Jahren eine komplette elektrische Anlage mit einem Dutzend Straßenlaternen bauen lassen. Die Lampen sind noch da, nicht aber der Generator. Wir entschließen uns, zu sammeln und in Leticia, der nächsten Stadt, einen neuen Generator für Vandaval zu kaufen. Auf der Rückreise wird das 1400-Seelen-Dorf wieder in hellem Lichterglanz erstrahlen. Die brasilianische Regierung sieht nicht gerne Kontakte zwischen Touristen und Indianersiedlungen. Bei Vandaval gibt es eine Ausnahme für die Schiffe »Society Explorer« und »World Discoverer«. Beide Schiffe haben sich schon seit Jahren für die Ticunas in Vandaval engagiert. Und das versuchen wir jetzt auch. So nimmt unser Schiffsdoktor Bob Hutt viele Medikamente mit in das Dorf und hält einen halben Tag lang Sprechstunde für die Indianer ab.

Alle Hilfe, die wir Besucher den von der Zivilisation zum Tode verurteilten Indianerstämmen zukommen lassen, ist beschämend wenig. Aber ist wenig nicht mehr als nichts? Und die Wünsche der Indianer an uns sind verständlich: Sie wünschen sich einen Generator, damit es bei ihnen so hell wird wie in Manaus. Sie wollen nicht abseits stehen, sondern selbst ein Teil der Zivilisation werden. Auch wenn sie damit ihre Eigenständigkeit als Indianerstamm aufgeben. Ist ihnen das zu verdenken?

In Leticia, einem richtigen Dschungelnest, trägt der Kapitän den neuen japanischen Generator an Bord, Sabino hängt eine Kette Glühbirnen dran und demonstriert uns mit einem kräftigen Seilzug, wie es plötzlich hell wird.

Ich selbst würde zwar das Lagerfeuer mit Johns Gitarrenspiel und all den Urwaldlauten diesem stinkenden Krachmacher vorziehen, aber ich bin ja nur Beobachter und nicht Betroffener.

Leticia hat uns nicht nur den neuen Generator beschert, sondern auch ein neues Land: Peru.

In Peru sind die Behörden nicht so strikt wie in Brasilien. Indianerdörfer können offiziell besucht werden, und so fahren wir mit unseren Zodiacs in einem Seitenarm etwa fünf Meilen flußaufwärts zu zwei Dörfern der Peruvian-Indianer. Wir finden auf einer Anhöhe ein Gemeinschaftshaus, in dem wir Tanzvorführungen der Peruvian-Indianer erleben. Da dröhnt die Trommel zum Anacondatanz, für den sich Männer und Frauen entsprechend ausgezogen und angemalt haben. Gerne stellt sich die Gruppe in schattenloser Sonne zu einem Gruppenbild, bevor sich die Mädchen wieder T-Shirts überziehen und die Jungen in ihre Adidas-Schuhe schlüpfen. Aber sie haben ihre Sache gut gemacht und auch recht erfolgreich Souvenirs verkauft: Pfeil und Bogen, geflochtene Körbchen und Schalen aus Palmblättern und Schmuck aus Muscheln.

Und dann die Endstation der langen Urwaldreise: Iquitos. Für uns ist Iquitos ein Abschied vom Amazonas, nicht aber ein Abschied von dem kleinen roten Schiff.

Der große Jet bringt uns am Nachmittag nach Lima. Ich erwische einen Fensterplatz und sehe die eisgepanzerten großen Berge der Kordillere im gleißenden Licht der Tropensonne. Da schimmern blaugrüne Gletscher, aus denen Wasser sprudelt und in die Urwaldtäler stürzt. Das also ist die Quelle, hier entspringt der große Strom, der sich von diesen Gletschern seinen Weg fast 7000 Kilometer weit nach Osten bahnt.

Wir haben die Menschen an diesem unendlich langen Fluß kennengelernt. Wir haben ihnen einen Generator geschenkt, mehr nicht. Sinnvoller wäre es, wenn wir ihnen helfen könnten, ihre Wälder zu erhalten.

Alle Menschen müssen akzeptieren, daß die Boden- und Nährstoffprobleme in dieser Region eine landwirtschaftliche Kultivierung nicht zulassen. Entwicklungsprojekte, die nur einem kurzfristigen Gewinn dienen, sind töricht. Von solchen Gewinnen können die Menschen vielleicht Coca-Cola kaufen oder T-Shirts oder Turnschuhe.

Aber das reicht für das Überleben in einer besseren Welt nicht aus. Der Regenwald des Amazonas, die »grüne Lunge« der Erde, muß erhalten bleiben, für die Menschen am Fluß und für alle anderen!

Arktis

Heimat der »echten Menschen«

Jeder Mensch kennt den Unterschied zwischen Arktis und Antarktis aus der Schule: In der Antarktis leben die Pinguine und in der Arktis die Eisbären. Mir scheint ein anderer Unterschied noch gravierender zu sein: Die Antarktis war nie von Menschen bewohnt, während in der Arktis seit fast 6000 Jahren Eskimos leben. Nach der Eiszeit lag das Zentrum der arktischen Eiskappe nicht am Nordpol, sondern irgendwo zwischen der Hudson Bay und Grönland. Der Meeresspiegel lag bedeutend tiefer als heute, weil noch sehr viel Wasser durch die Eiskappe gebunden war. Alaska und Sibirien werden heute durch die Beringstraße getrennt; damals war diese Straße eine Landbrücke zwischen den beiden Kontinenten. Asiatische Jägervölker zogen in der Vergangenheit den Robben und Walrossen nach bis in das heutige Alaska und weiter in Richtung Kanada und Nordgrönland. Andere Indianerstämme, die nach dem Überqueren der Beringbrücke nach Süden zogen, nannten diese Robben- und Walroßjäger verächtlich »Rohfleischesser«. In ihrer Sprache hieß das »Eskimo«. Dieser Name ist bis heute geblieben, obwohl sich die Eskimos selbst »Inuit« nennen, die »echten Menschen«. Der Singular heißt »Inuk«, die Sprache »Inuktitut«.

Die erste Welle dieser Eskimos besiedelte die Inseln der Aleuten, die Nordküsten Alaskas und Kanadas und schließlich sogar Nordwestgrönland. Die Menschen stellten Werkzeuge und Harpunenspitzen aus Stein her, sie verbrannten Robbentran in ihren Lampen und angelten mit Haken aus Knochen. Es entstand eine eigenständige Eskimokultur, die Dorset-Kultur, mit ihrer Blütezeit zwischen 1000 vor Christus bis 1000 nach Christus. Diesen Eskimos folgte eine weitere Jägergruppe über die Beringlandbrücke und überrollte die Dorset-Kultur. Auch diese Menschen blieben im unvorstellbar rauhen Norden hängen – niemand weiß bis heute genau, woher sie kamen und warum sie nicht einfach nach Süden gewandert sind – und zogen die Nordwestpassage entlang bis Baffinland und schließlich über den Smithsund ebenfalls an die Nordwestküste Grönlands. Sie schufen die sogenannte »Thule-Kultur«, die bis in unser Jahrhundert reicht. Und diese Kultur war rauh: Kannibalismus gehörte ebenso dazu wie Kindesmord an weiblichen Säuglingen. Alte Menschen wurden ausgestoßen, wenn sie nicht mehr jagen konnten. Männer ertränkten sich im eigenen Kajak, und Frauen stürzten sich von hohen Klippen freiwillig zu Tode.

Die Thule-Eskimos waren die ersten, die Kajaks benutzten und Wale erlegten. Der Hundeschlitten wurde von ihnen entwickelt. Durch Hundegespanne im Winter und Kajaks im Sommer erreichten die Thule-Eskimos große Mobilität, mit der sie ihre Jagderfolge vergrößerten.

Viele Menschen glauben, Eskimos leben im Iglu. Das ist nur bedingt richtig. Eskimos bauten Häuser aus Stein, Treibholz, Erde, Torf, Knochen und Fellen. Das Iglu und das Wanderzelt aus Tierhäuten wurden auf den langen Jagdreisen benutzt.

Schlittenhunde in Kanada werden oft als bösartig und gefährlich bezeichnet, besonders wenn sie im schneelosen Sommer angekettet sind. Wir haben ganz andere Erfahrungen gemacht. Alle Schlittenhunde, hier in Kanada und auch in Grönland, wollten mit uns spielen und toben, und die anderen, ebenfalls angeketteten Hunde heulten und winselten eifersüchtig, wenn Renate sich zu lange mit einem Tier beschäftigte.

In der extremen Kälte haben sich diese Menschen ihrer rauhen Umwelt ideal angepaßt. Eskimos sind klein; ihre Durchschnittsgröße beträgt nur 160 cm. Die Gesichter sind flach und mit Fettgewebe gut gepolstert, und die Nasen sind so winzig, daß sie der Kälte kaum eine Angriffsfläche bieten. Die Arme sind unterhalb des Ellbogens und die Beine unterhalb des Knies kürzer als bei allen anderen Menschenrassen. Dadurch kann das Herz eines Eskimos sein Blut wesentlich schneller in Hände und Füße pumpen. Wenn die Temperatur auf wenige Grade über Null steigt, dann ziehen wir uns immer noch dicke Pullover an, während die Eskimos schon bei Null Grad zu schwitzen beginnen! Sie sind wirklich »echte Menschen« und das einzige Volk, das sich die Arktis zur Heimat gemacht hat. Weil die Eskimos ihre kalte Arktis zum Überleben brauchten, haben sie diese Umwelt geschützt wie alle Naturvölker. Dann drang unsere Zivilisation auch nach Norden vor. Zuerst kamen die Entdecker, dann die Händler und Jäger und schließlich die Missionare. Ihnen folgten die Ölsucher und die Militärs. Die einen stellten Fördertürme in das Land der Eskimos, die anderen Frühwarnsysteme und Atomraketen. Die Eskimokultur hat sich verändert. Wo vor wenigen Jahren noch Hundegespanne eingesetzt wurden, knattern heute japanische Motorschlitten über das Eis. Wo Robben gefangen wurden, ißt man heute Hamburger und trinkt Coca Cola. Und Alkohol – sehr viel Alkohol, weil sich die Eskimos an den Rand der Gesellschaft gedrängt sehen, und weil sie ihre Kultur und Identität eingebüßt haben. Und nicht zuletzt auch deswegen, weil unsere Zivilisation ihre Umwelt zerstört hat und im Begriff ist, noch weiteren ökologischen Schaden in der Arktis anzurichten. Das Ozonloch entwickelt sich über der Arktis ähnlich dramatisch wie über der Antarktis. Die Luft an beiden Polkappen galt lange Zeit als sauberste Luft der Welt. Aber heute ist auch die Luft der Arktis verschmutzt; eine Dunstschicht aus Sulfaten und Kohlenwasserstoffen (von Gas, Öl- und Petroleumprodukten kommend) hängt über der Heimat der Eskimos. Hauptverursacher dieser Verschmutzung ist die Sowjetunion, gefolgt von Deutschland und Großbritannien.

Deshalb ist eine Reise zu den Eskimos auch eine Reise, die zur Besinnung führen muß. Zur Besinnung auf die eigene Verantwortung gegenüber der großartigen Wildnis Arktis und ebenso gegenüber den Inuit, den einst so stolzen Menschen des Nordens. Natur und naturverbundene Menschen sind das Ziel unserer Kreuzfahrt zum Polarkreis.

Renate und ich landen in Churchill an der Hudson-Bay. Ein strahlend blauer, wolkenloser Himmel läßt mein Fotografenherz höher schlagen. Ein cremefarbiger Eisbär blickt uns von einem Poster entgegen. Über ihm lese ich: »Come up and see me sometime«. Unter dem Poster steht: »Polar Bear Capital of the World«. Wir sind in der kanadischen Arktis, in dem kleinen Eskimonest Churchill, das einmal im Jahr – in den Monaten Oktober und November – zum internationalen Treffpunkt engagierter Tierfotografen wird. Im Herbst gibt es in Churchill mehr Eisbären als irgendwo anders in der Welt. Die Tiere warten, vom langen Sommer ausgehungert, daß die Hudson Bay zufriert, und lehren Fotografen und Naturfreunde das Fürchten und Frieren. Erst nach unserem Aufenthalt in Churchill sahen wir auf der »Society Explorer« einen Videofilm, in dem ein wütender Polarbär ein Fotografenauto durchschüttelte wie der Barkeeper einen Cocktail. Hier in Churchill sind die großartigsten Eisbärbilder schlechthin entstanden. Eckart Pott, in der Antarktis Passagier auf unserem Schiff und ausgefuchster Tierfotograf, war oft hier und hat uns mit Kontaktadressen wohl versorgt. Ein Taxi bringt uns mit Seesack und Fotokiste in zehn Minuten vom Airport zur Stadt und zum »Polar Motel«. Louise, die junge Motelmanagerin, zuckt mit den Schultern:

»Wir sind voll belegt, und alle Hotels in der Nachbarschaft auch. Aber ich werde herumtelefonieren, irgendwo finde ich noch ein Bett für euch!«

Sie findet es in der »Kelsey-Lodge«, und damit ihre Bemühungen nicht ganz umsonst sind, miete ich bei Louise ein Auto, einen amerikanischen Ford-Pickup. Louise weiß auch, daß Arbeiter an Hochspannungsmasten heute früh einen Eisbären dicht an der Straße gesehen haben. Das ist im Sommer ungewöhnlich, vielleicht haben wir dennoch eine Chance.

Wir beziehen unser Zimmer in der kleinen »Kelsey-Lodge« und fahren los, zehn Meilen weit nach Osten bis zum verlassenen Radarturm. Hier beginnen wir zu suchen, aber wir finden keinen Eisbären, sondern etwa 30 kanadische Eskimohunde, die am Hudson Bay-Strand unterhalb des Radarturmes so angekettet sind, daß sie nicht zueinander kommen können. Jeder Hund hat einen Auslauf von etwa zehn Metern. In Reiseführern und Berichten wird jeder Fremde in der Arktis vor angeketteten Hunden gewarnt, die vor allem im Sommer hungrig und aggressiv sein sollen, weil sie nicht vor dem Schlitten arbeiten. Genau das Gegenteil erleben wir. Die Hunde beginnen wild und freudig zu bellen und zu winseln, als ob wir ihre langjährigen Freunde wären. Sie springen uns an, lecken mir vor Begeisterung quer übers Gesicht und werfen Renate einfach zu Boden. Sie wollen toben und fordern dabei energisch ihre Streicheleinheiten. Wir können uns jeweils nur um einen Hund kümmern, die anderen heulen vor Eifersucht wie eine wilde Meute Wölfe. Herrlich glänzend ihr weißes, graues oder schwarzes Fell, und wie die Augen der Tiere leuchten! Wir fotografieren und toben mit den Hunden und sind inzwischen weit von unserem Pickup entfernt. Da kommt ein zweites Auto herunter zum Strand. Ein Mann in Jeans und nordischem Wollhemd steigt aus. Er kommt langsam auf uns zu. Seine langen Haare lassen auf einen Künstlertypen schließen.

»Was macht ihr bei meinen Hunden, und wer seid ihr?«

»Fotografen aus Deutschland. Wir sehen uns nur mal um und fotografieren die tollen Hunde hier. Gehören die alle dir?«

»Ich bin Brian Ladoon und züchte hier in Churchill Schlittenhunde, genauer gesagt ›Canadian Eskimo Dogs‹, eine selten gewordene Rasse. Komme gerade mal vorbei, um die Tiere gegen die lästigen Mücken einzuschmieren. Fotografiert nur, aber geht nicht so weit von eurem Auto fort. Das kann gefährlich werden, ihr seid hier nicht in der Stadt, sondern in der Wildnis, und die Eisbären sind unberechenbar!«

»Sind denn Eisbären hier? Heute früh wurde einer an der Straße gesehen, wir haben aber noch keinen entdeckt!«

»Und ob die hier sind. Gib mir mal dein Fernglas.«

Brian schaut durch mein Glas in die Runde und zeigt auf einen vielleicht 50 Meter entfernten Felsblock.

»Schaut dorthin. Siehst du den schmalen weißen Schatten hinter dem grauen Stein? Und dort auf der anderen Seite, da liegt auch einer im Gras, keine 20 Schritte entfernt!«

Wir werden etwas blaß und glauben, Brian will uns einen Bären aufbinden. Er sieht mein ungläubiges Gesicht, zieht eine Pistole aus der Tasche und schießt in die Luft. Nach dem kurzen, trockenen Knall erheben sich zwei mächtige weiße Fellhaufen, beängstigend nahe. Die Eisbären trotten müde von dannen, um sich zehn Meter weiter wieder hinzulegen.

»Glaubt ihr mir jetzt? Ich bin hier zu Hause, ich sehe sie überall. Seid also vorsichtig: Nie weiter als zehn Schritte vom Auto weggehen! Kommt in Churchill in die ›Arctic Trading Company‹, dort gebe ich euch meine Karte. Ich male auch und will euch gerne meine Bilder zeigen – und wenn ihr mal einen Führer zu den Eisbären braucht, einen besseren als mich findet ihr in Churchill nicht. Also dann bis später, und paßt besser auf!«

Wir vergessen die Hunde und fahren bis auf wenige Schritte an den nächsten schlafenden Eisbären heran. Das gewaltige Tier blickt uns direkt in die Augen, erhebt sich ganz gemächlich und trottet hinter den nächsten Felsen. So ist das also, wenn zwei Greenhörner in die Arktis reisen!

Am Abend essen wir in der »Kelsey-Lodge« die größte Pizza unseres Lebens. Bei der Hälfte kapitulieren wir und schicken die halbe Pizza zurück in den Kühlschrank – für das nächste Abendessen.

Der Himmel bleibt weiter strahlend blau, und wir erleben die Tundra in ihren allerschönsten Farben. Die Felsen zwischen den Krüppelbäumen leuchten rot, gelb und grün, sie sind voller Flechten und Pilze, und in den feuchten Senken finden wir große Wollgrasteppiche.

Zwei Tage später macht die »Society Explorer« an der Hafenmole fest. Wir bringen schon früh am Morgen unser Gepäck an Bord und spielen Taxi für Crew und Offiziere. Sie alle sind froh über einen Lift vom Hafen zur Stadt und staunen, hier am Ende der Welt alte Bekannte mit einem Pickup zu treffen.

Inuit-Mädchen von der Hudson Bay. In den Gesichtern der Eskimos spiegelt sich deutlich ihre asiatische Herkunft. Auf der Suche nach Robben und Walrossen zogen die heutigen Eskimos vor 6000 Jahren aus dem nördlichen Asien zur Beringlandbrücke und kamen nach Alaska und Kanada.

Die Kanadier haben den Inuits moderne Häuser in Fertigbauweise hingestellt. Dieses Wohnhaus ist typisch für Ivujivik und alle anderen Eskimosiedlungen, in denen ein Postamt ebenso selbstverständlich ist wie der Supermarkt und ein Gemeinschaftshaus.

Da hocken die immer lachenden Philippinen auf unserem Truck und wollen wissen, ob wir hier in Churchill wohnen.

»Nein, wir fahren mit euch, aber solange wir das Auto haben, müßt ihr nicht laufen. Und wenn ihr Eisbären sehen wollt, wir fahren euch gerne hin – aber seid vorsichtig, geht nie weiter als zehn Schritte vom Auto weg, wenn ihr die nächste Kreuzfahrt noch mitmachen wollt!«

Beim Ablegen bin ich auf der Brücke. Alle Befehle des Kapitäns an den Steuermann sind uns längst vertraut:

»Portside!«
»Portside, Sir.«
»Midship!«
»Midship, Sir.«
»Starboard easy!«
»Starboard easy, Sir.«
»Midship!«
»Midship, Sir.«
»Starboard five!«
»Starboard five, Sir.«

Kapitän auf dieser Reise ist Olaf Hartmann aus Kiel, er ist für uns ebenso neu wie seine Offiziere Dieter Werner (Erster) und Heino Larsen (Chief Engineer). Fast alle anderen Staff- und Crewmitglieder sind inzwischen alte Bekannte von uns. Matt Drennan ist der Expeditionsleiter, wir kennen ihn vom Amazonas. Christa Kaplan managt das Hotel an Bord, und Heidi Stoiber ist wieder Purser. Wir werden auch nicht verhungern, denn Pierre Wenger ist unser Küchenchef. Er hat uns schon oft verwöhnt; z. B. hat er das großartige Barbecue mitten im heißen Tropenwald hergerichtet.

Unter den Arktislektoren fällt vor allem der immer muntere Dr. Moreau Maxwell auf, der auf Baffin-Island unlängst eine bisher völlig unbekannte, archäologisch sehr interessante Thulestätte entdeckt hat. John Splettstoesser ist als Geologe an Bord, daher sein Spitzname John »Rock«. Er ist Träger der amerikanischen »Antarctic-Service-Medal« sowie der »Polarmedaille der Sowjetunion«. In der Antarktis wurden ein Gletscher und ein Paß nach John benannt. Die anderen Lektoren und Wissenschaftler sind Angus Erskine, Donald Pattie und Mark Webber.

Sehr gut hören sich die Berichte von der vergangenen Reise nicht an; viel zu viel Treibeis und ständig Sturm. Wir werden sehen.

Über 100 Belugawale begleiten uns aus der Mündung des Churchill-Rivers hinaus in die Hudson Bay. Der Himmel hat plötzlich zugemacht. Wind kommt auf und bläst unserem kleinen roten Schiff mit 25–40 Knoten vor die Nase.

Der nächste Morgen empfängt uns grau und farblos. Regen peitscht über das trostlos erscheinende Eskimodorf Rankin Inlet. Hier leben 1500 Menschen in der Nähe einer Nickelmine. Wir bummeln durch den Ort und finden Rankin Inlet recht abschreckend. Aus dem Kindergarten winken uns pausbakkige Eskimos zu. Renate und ich winken zurück. Soll ich doch fotografieren? Kindergesichter bei dem Sauwetter? Da drinnen ist es bestimmt trocken, also klopfen wir an die Kindergartentür. Zwei junge Frauen öffnen uns, und schon nach wenigen Minuten halten wir dampfende Kaffeetassen in unseren Händen. Die eine Frau ist Inuk, die andere Holländerin. Sie betreuen hier zwei Dutzend Eskimokinder in einem Privatkindergarten. Wir schlürfen dankbar den heißen Kaffee und hören verblüfft die Begeisterung der jungen Holländerin.

»Nein, in Europa kann ich nicht mehr leben. Ich hab' es versucht, zusammen mit meinem Mann, nachdem wir vorher schon ein Jahr lang in der Arktis gewesen waren. Es ging nicht mehr, alles wurde uns zu eng. Wir bekamen keine Luft mehr. Dann sind wir wieder zurückgegangen, hierher nach Rankin Inlet zu unseren Inuitfreunden. Wir möchten mit keinem anderen Platz der Welt tauschen. Hier fühlen wir uns wohl, durch und durch!«

»Und wie ist das mit dem langen Winter, mit der ewigen Dunkelheit?«

»Das ist großartig, da haben die Menschen hier noch mehr Zeit füreinander als im kurzen Sommer. Jeder kennt jeden und besucht auch jeden. Wir wissen genau, wer hier krank oder besonders glücklich ist. Hier sprechen die Menschen noch miteinander. Und wenn du sie nicht mehr hören willst, fährst du einfach mit Skiern oder mit dem Motorschlitten raus in die Wildnis, dann bist du alleine mit dem Schnee, den Sternen, den Wölfen und Polarbären. Nein, Europa ist uns wirklich zu eng geworden.«

Wir bummeln zurück zu unseren Zodiacs, und das wahrlich chaotische Durcheinander neben den Holzhütten aus

Fertigteilen sieht plötzlich viel freundlicher aus – auch wenn der Regen weiter fällt und die Straßen in Schlammpfützen verwandelt.

Auf Walrus-Island habe ich Hunderte von kastanienbraunen Walrossen erhofft, aber wir sehen nur ein halbes Dutzend im Wasser schwimmen. Dafür entdecken wir zwei Eisbären direkt auf den Felsen über dem Wasser. Chief Engineer Heino Larsen fährt sein eigenes Boot und nimmt uns und Pat mit, wenn es irgend geht. Pat ist ein Fotograf aus Paris; längst haben wir drei eine verschworene Fotografengemeinschaft gebildet, im Zodiac und abends beim Rotwein.

Heino fährt unser Boot wenige Meter an den Eisbären heran, doch der flüchtet in die Felsen. Auch der zweite Eisbär nimmt Reißaus. Zu gerne wären Pat und ich mit unseren Kameras auf die Insel gesprungen und den Tieren gefolgt. Aber vom Kapitän kommen klare Anweisungen, die sich im Walkie-talkie nicht überhören lassen. Verständlich, denn wir sind hier nicht alleine auf der Welt.

Am Abend des gleichen Tages besuchen wir Native Point. Der Himmel klart auf, und plötzlich strahlt spätes Nachmittagslicht über die Arktis. Unsere Wissenschaftler führen die Passagiere zu sicherlich hoch interessanten Resten alter Eskimohäuser, die noch aus der Zeit der Dorset-Kultur stammen. Renate, Pat und ich bleiben aber direkt am Strand stecken. Da sind Hunderte von mannshohen Eisbergen bei Ebbe gestrandet und liegen im seichten Wasser vor uns. Unten sind sie stärker abgetaut als oben, und deshalb sehen die Eisberge aus wie gläserne Pilze, wie Kunstwerke einer gewaltigen Ausstellung mitten in dieser Wildnis. Die Sonne bringt diese Figuren zum Leuchten und Funkeln. Tausend Kristalle brechen ihre Strahlen. Von Minute zu Minute verändert der Sonnenstand unsere Traummotive.

»This is art, really art«, schwärmt Pat, und wir vergessen Zeit und Ort und prähistorische Eskimohäuser.

Das klare Wetter hält; keine Wolke trübt den azurblauen Himmel bei unserer Einfahrt in den engen Fjord von Digges Island. Der Anker fällt, und wenige Minuten später bringen uns die Zodiacs an einen stinkenden Strand. Da liegen die Skelette von zwei Dutzend Belugawalen, die hier vermutlich von Inuit vor einigen Wochen getötet wurden. Von der kanadischen Regierung wird Jahr für Jahr eine bestimmte Zahl von Walen für die Eskimos zur Jagd freigegeben. Das betrifft auch die Eisbären, die normalerweise wie die Wale geschützt sind. In der kanadischen Arktis werden jährlich knapp 700 Jagdmarken für Eisbären vergeben – nur an die Inuit. Viele Eskimos verkaufen diese Marken rechtswidrig an weiße Jäger weiter und verdienen dabei gleich zweimal; einmal an der Abschußprämie und einmal an der Führung des Jägers zum Opfer.

Einen so klaren und windstillen Tag mit so sauberer Luft hatten wir bisher noch nicht. Deshalb entschließen wir uns, den Morgen für eine rasche Besteigung der nahen Berge zu nutzen. Die Felsen wurden hier in der Eiszeit so glatt geschliffen, daß man heute leicht über sie hinweg turnen und springen kann. Man kann einen Berg in der Arktis fast im Dauerlauf »besteigen«. Zwischen den Felsen immer wieder Wasserlachen und nasse Moospolster. Das Fehlen der Bäume läßt diese Landschaft zunächst leblos und recht öde erscheinen. Was für ein Kontrast zum Amazonasbecken! Dort wird der Reisende vom Pflanzenreichtum fast erdrückt. Hier aber konzentriert sich der Blick ganz automatisch auf das Wesentliche, auf einzelne, extrem bunte Flechten, auf Moose, Gräser und Blüten, die neben den Felsen und Wassertümpeln in dünnen Humusschichten leuchten. Jeder Farbfleck, und scheint er noch so verloren und klein, zieht automatisch das Auge an. Ganz sicher liegt in diesem konzentrierten und ganz bewußten Schauen und Staunen einer der besonderen Reize, der die arktische Landschaft so faszinierend macht. Da taumelt sogar ein Schmetterling in der glasklaren Luft von Blüte zu Blüte und zwingt unser überraschtes Auge geradezu, ihm zu folgen. Schon nach 20 Minuten haben Renate und ich den höchsten Punkt erreicht, vielleicht 200 Meter über dem Meer. Dunkelblau der Himmel und ebenso dunkelblau der Fjord unter uns. Wie Spielzeug liegt da unten das kleine rote Schiff, und die Sonne ist noch nicht so hoch geklettert, daß die weißen Aufbauten blenden. Ein Traumbild wie aus einem Helikopter. Ich verschieße einen ganzen Film und sehe die ersten Zodiacs bereits zurückfahren. Hell klingen die Außenbordmotoren bis auf

Landung am Native Point, Hudson Bay. Wir finden am Strand gewaltige Eisformationen, die zu Traumbildern anregen. Am Horizont ist die »Society Explorer« zu erkennen.

Begegnung auf Button Island an der Hudsonstraße. Diesen Eisbären fotografierte ich vom Zodiac aus nur drei Meter Entfernung. Er hätte leicht in unser Schlauchboot springen können. Im arktischen Sommer sind Eisbären ständig ausgehungert, denn ihre Nahrungskette schließt sich erst wieder, wenn sich das Treibeis an der Küste verdichtet.

unseren Berggipfel. Es ist schön, mit so einem komfortablen Schiff in dieser Wildnis unterwegs zu sein. Zu wissen, daß dort immer ein reich gedeckter Tisch wartet, eine gemütliche Bar, ein gutes Buch, ein anregendes Gespräch und nicht zuletzt ein weiß bezogenes, warmes Bett. Aber in diesem Augenblick möchte ich aussteigen; das Motorengeräusch stört ebenso wie die »Luxusinsel Schiff«. Ich möchte meinen Rucksack schultern und in dieser Luft laufen, laufen, laufen! Bis zum Horizont und weiter. Ich möchte vor meinem Zelt hocken und Vögel und Robben im Glas beobachten, Karibuherden und Moschusochsen und auch den Eisbären, den König dieser großartigen Wildnis. Hatte ich an diesem Morgen nicht erst in dem Buch von Barry Lopez: »Arktische Träume« den bemerkenswerten Satz von Edmund Carpender gelesen:

»Die Landschaft macht den Eindruck absoluter Dauer. Sie ist nicht feindselig. Sie ist einfach da – unberührt, still und vollkommen. Sie ist sehr einfach, aber das Fehlen jeder menschlichen Spur gibt dir das Gefühl, du verstündest dieses Land und könntest deinen Platz darin einnehmen«.

Das Lesen guter Bücher empfinde ich ganz besonders auf einer solchen Schiffsreise als großes Geschenk. Ein Buch über die Arktis liest sich in der Arktis ganz anders als zu Hause und auch anders als im Flugzeug. Ich lese langsamer und intensiver, kann nach einem wichtigen Satz aufschauen und finde ihn in der Umwelt bestätigt. Und einen Gedankengang kann ich selber weiterspinnen und weiterträumen. Selbst hier in der Arktis liegen wir oft an Deck, im Liegestuhl oder auch in windgeschützten Zodiacs und lesen stundenlang – und diskutieren über jedes Kapitel, über Aussagen und Feststellungen und Gedanken. Keine andere Reiseart erlaubt so intensives und gewinnbringendes Lesen wie eine Kreuzfahrt.

Wie verstreute Blüten liegen die grellroten, gelben, blauen und violetten Holzhäuser von Ivujivik vor uns in einer flachen Bucht, umgeben von braunen Bergen mit Resten des Winterschnees. Es ist Sonntag, und die Kinder haben schulfrei. Drei Dutzend fröhliche Eskimokinder empfangen uns in ihrem Dorf – das Wort »Stadt« ist für Ivujivik etwas übertrieben. Pat staunt nicht schlecht, er kann sich in seiner französischen Muttersprache mit den älteren Kindern unterhalten. Französisch gehört hier zu den Pflichtfächern. Renate »baut« ganze Kindergruppen zwischen den bunten Holzbooten im kleinen Hafen auf, dann schießen wir wieder Porträts und bummeln durch den sonnigen Ort. Nur die lachenden Gesichter mit den flachen Nasen und den schwarzen Haaren erinnern an die Fremdartigkeit der einst so stolzen Eskimokultur. Alles Drum und Dran ist eher Amerika: Holzhäuser in Fertigbauweise, Mountainbikes und japanische drei- und vierrädrige Motorräder von Honda und Yamaha. Kaugummi und Coca-Cola, Fernsehantennen und lärmende Transistorradios, Jeans und Turnschuhe.

Eine junge Inuitfrau fährt ihr Baby stolz in einem pinkfarbenen Kinderwagen spazieren und balanciert geschickt um Pfützen und Unrat herum. Ich frage, ob ich sie fotografieren darf. Sie stellt sich in Pose und lächelt in meine Kamera.

»Danke, das ist ein gutes Bild!«

»Moment, ich möchte auch ein Bild machen. Bitte stellt euch vor mein Haus, sooft kommen Fremde nicht in unseren Ort!«

Die Frau zieht eine kleine automatische Kamera aus ihrer Manteltasche und fotografiert mich zusammen mit Renate.

»Wo kannst du den Film entwickeln lassen?«

»Hier in Ivujivik im Fotoshop. In drei Tagen sind die Bilder fertig.«

Button Island ist unsere letzte Station an der Hudson Bay. Eigentlich liegt Button Island schon an der Hudsonstraße, also am Ausgang der Bay zum Nordatlantik. Starker Wind ist aufgekommen, und Pat, Renate und ich sitzen im Zodiac von »Chief« Heino. Wir suchen eine volle Stunde nach Eisbären, sehen aber nur einige Walrosse im Wasser schwimmen. Dabei ist das Gelände ideal für Polarbären; kleine Felsinseln und Schären und überall Schneereste auf den braunen Steinen. Warum steht er nicht da in der Abendsonne, der König der Arktis? Wir wollen ihn ja gar nicht jagen wie die Eskimos, nur fotografieren. Es ist unsere letzte Chance, denn drüben auf Grönland werden wir keinen Eisbären finden.

Ohne Eisbärenglück fahren wir in Sonne und Wind zurück zum Schiff, müde vom langen Tag und mit nassen Pos und Füßen. Heino hat jahrelang Außenbordmotoren gefahren. Er fährt sicher, aber schnell, und da spritzt es schon mal; eine Zodiacfahrt in arktischen Gewässern ist keine Sonntagsschule!

Ich will gerade unter die Dusche gehen, da ruft der Bordlautsprecher:

»Mr. Weyer zur Gangway, Mr. Weyer zur Gangway!«

Gangway kann nur eine neue Ausfahrt bedeuten. Also wieder rein in die nassen Hosen und Stiefel, Kamerakoffer geschnappt und los. Auch Pat ist schon oben. Matt hat einen Eisbären in guter Fotoposition gefunden und uns per Walkie-talkie gerufen. Der Ruf wurde von der Brücke über Bordlautsprecher weitergegeben; Heino hatte sein Gerät noch gar nicht abgeschaltet. Diese Kooperation zwischen den Zodiacfahrern und der Brücke klappt großartig. Renate, Pat und ich springen in Heinos Boot.

»Chief Engineer an Expedition Leader, wo bist du, wo sollen wir hinkommen?«

Matt gibt uns eine Positionsbeschreibung des Eisbären durch, und wir rasen los. Am Nachmittag haben wir genau in der entgegengesetzten Richtung gesucht. Matt befindet sich gute zwei Meilen entfernt in einer Bucht.

Ich habe den Eis- oder Polarbären schon als »König der Arktis« bezeichnet. Während Bären in der Regel in Wäldern leben und Vegetarier oder Allesfresser sind, kann man den Eisbären tatsächlich fast als Meerestier bezeichnen. Viele dieser Tiere verbringen ihr ganzes Leben auf dem teilweise zugefrorenen Meer; sie sind vorwiegend Fleischfresser. Eisbären gehören zu den größten Bärenarten. Ein Männchen wird bis zu drei Meter lang und wiegt bis zu 700 Kilogramm. Sie sind ausgezeichnete Schwimmer und jagen ihre Beute, hauptsächlich Robben und Fische, oft zwischen Eisschollen und in eisfreien Wasserrinnen. Eisbären sind Einzelgänger und weichen einander aus. Im März und April paaren sie sich, bleiben aber nur kurz mit dem Partner zusammen und gehen dann wieder ihre eigenen Wege. Sie vollziehen den Paarungsakt bis zu zwanzigmal am Tag, selbst bei minus 50 Grad Celsius!

Die Eisbärenbabys werden dann zur Weihnachtszeit geboren, oft als Zwillinge. Der Vater lernt seine Kinder gar nicht kennen und interessiert sich auch nicht für sie. Die Bärin baut eine Schneehöhle und bettet ihre fast nackten Kinder auf ihren gewaltigen Vorderpranken, um sie dann mit dem eigenen Atem zu wärmen. Das macht sie zwei bis drei Monate, ohne dabei selbst Nahrung aufzunehmen. Sie lebt in dieser Zeit von ihrem Fettvorrat, und die Babys ernähren sich von der ausgesprochen fetthaltigen Eisbärmilch. Erst bei der Schneeschmelze verlassen Mutter und Kinder das sichere Nest – Feinde haben sie nicht – und gehen gemeinsam jagen. Wenn Mutter und Kinder jetzt dem Bärenvater begegnen, kennen sie sich nicht mehr.

Eisbären können schneller als 40 Kilometer pro Stunde laufen und im Wasser bis zu zwei Minuten mit offenen Augen tauchen. Die Eskimos nennen den Eisbären »Nanuk« und jagen ihn seit Jahrhunderten, um sein Fleisch zu essen und aus dem warmen Fell Kleidung zu nähen. Natürlich ist ein Eisbär für den Menschen gefährlich. In einem Videofilm habe ich gesehen, wie sich ein Fotograf der Zeitschrift »National Geographic Magazine« in Churchill in einem vergitterten Käfig von Eisbären angreifen ließ. Mehrere Tiere versuchten gleichzeitig, den Mann im Käfig mit Tatzenhieben zu töten und wollten mit ihrem starken Gebiß die Eisenstäbe zerbeißen. Dennoch sind nur wenige Zwischenfälle mit Eisbären bekannt, zumal die Menschen – Weiße ebenso wie Eskimos – in den betreffenden Gegenden fast immer bewaffnet sind. Die Universität von Calgary hat alle Übergriffe von Eisbären auf Menschen in einem Zeitraum von 20 Jahren untersucht und eine Statistik veröffentlicht. Danach gab es von 1965 bis 1985 in Kanada 304 Zusammenstöße zwischen Menschen und aggressiven Eisbären. 6 Menschen kamen dabei ums Leben – und 251 Eisbären.

Wir haben inzwischen Matt erreicht. Drei unserer Boote liegen dicht am Ufer vor einem Felshang, und dort steht er, leider schon im Schatten der jetzt tief stehenden Sonne – der König der Arktis. Groß und kräftig mit seinem sauberen, cremefarbenen Fell und seiner schwarzen Nase. Der Bär schaut sich gelassen die vielen Menschen in den roten Parkas mit ihren Kameras an und wiegt leicht den Kopf hin und her. Wird er ins Wasser springen? Heino schießt mit unserem Zodiac auf die Gruppe zu und stellt den Motor ab, nimmt selbst eine Kamera zur Hand. Durch den Schwung gleitet unser

Moschusochsen leben in der kanadischen und grönländischen Arktis, sie sind neben dem Karibu die größten pflanzenfressenden Säuger in der nördlichen Tundra. Diese beiden Moschusochsen, fotografiert in Sondre Stromfjord, ließen mich bis auf wenige Meter an sich heranpirschen.

Holländische Walfänger haben die bunten Glasperlen nach Grönland gebracht und dort gegen Felle eingetauscht. Da so eine Volkstracht zehntausend Mark und mehr kostet, können sich nur wenige Familien diesen Luxus leisten. Dieses Motiv fand ich in Narsaq.

Boot weiter, bis es leicht ans Ufer stößt. Der Bär blickt uns direkt in die Augen, er steht etwa drei Meter über uns. Wenn er jetzt springt, landet er in unserem Zodiac. Als Waffe haben wir nur ein verhältnismäßig schweres Stativ. Ich schieße Bild um Bild, Renate hält den nächsten Film schon ausgepackt in ihrer Hand.

»Paß auf, Heino, wir müssen zurück. Der Bär muß gar nicht springen; wenn er nur abrutscht, haben wir ihn im Boot!«

Der »Chief« hört Renates Warnung nicht, er drückt pausenlos den Auslöser seiner Kleinbildkamera. So dicht an einen Bären in freier Wildbahn heranzukommen, ist mehr als Glücksache – besonders im Sommer. Fotografen nehmen Eisbären normalerweise von Autos aus ins Visier, von »hochbeinigen« Tundra-Buggies, und zwar im Herbst. Ganze fünf Minuten bleibt das Tier ruhig stehen, hört unserem Klicken zu und wendet sich dann gelangweilt ab. Der Bär springt geschickt und leichtfüßig einige Meter höher und legt sich in einem kleinen Schneefeld schlafen. Es ist wenige Grad über Null – für einen Eisbären viel zu warm. Die »Hitze« macht ihn sicher müde.

Wo die Eisberge herkommen

Zwei Nächte und einen Tag dauert die Überfahrt von der Hudsonstraße durch die Davisstraße nach Grönland, die Fahrt von Kanada nach Europa. In der Davisstraße tauchen immer mehr Eisberge auf; zuerst nur kleine Schollen, dann größere Trümmer und schließlich stolze Berge, die wie leuchtende Segel im tiefblauen Wasser schwimmen.

In den Polarmeeren gibt es vier Eisarten, die für die Schiffahrt gefährlich werden können: Treibeis – auf dem Meer treibende Eisschollen, Packeis – bei Kälte zusammengewachsene Eisschollen, Eisberge – von Gletschern abgebrochene Brocken, die Häuserblockgrößen erreichen, und Tafeleisberge (nur in der Antarktis) – vom Schelfeis abgebrochene Tafeln.

Eisberge sind besonders unberechenbar, weil nur ein Achtel über dem Wasser zu sehen ist und sie sich unter Wasser um das Fünffache verbreitern. Die Eisberge hier im Atlantik stammen von den Gletschern Grönlands, die an der Küste langsam ins Meer gleiten. Wenn der Auftrieb der Eismassen im Wasser zu stark wird, bricht die Spitze eines Gletschers ab – Eisberge werden gekalbt und Eisschollen ins Meer abgesprengt. Die Eisbergsaison beginnt im März und dauert oft bis September. Manchmal entstehen auch gar keine Eisberge, wie beispielsweise 1966. Im Rekordjahr 1984 registrierten Forscher 2202 neue Eisberge. Sie treiben mit der Meeresströmung, bis sie schmelzen, oft erst nach vielen Monaten. Der größte bisher bekannte Arktiseisberg war 11 Kilometer lang und 6 Kilometer breit.

Unsere Crew besteht aus etwa 60 Männern und Frauen aus Deutschland, Österreich, aus der Schweiz und von den Philippinen. Zwei Drittel der Mannschaft sind Philippinen, deshalb nennt der »Chief« die Crewmesse auch »Chinatown«. Die philippinischen Seeleute haben harte Jobs an Bord. Bei jedem Aus- und Einbooten stehen zwei kräftige Männer auf der Gangway und greifen den Passagieren unter die Arme; bei bewegter See müssen sie genau den richtigen Moment abpassen, um die Fahrgäste in das Zodiac zu heben oder aus ihm herauszuziehen – und das, besonders im tiefen Süden und im Norden, oft bei Wind und Wetter. Nie habe ich dabei nur den kleinsten Unfall gesehen, und in den meisten Fällen tragen die Männer den Passagieren auch noch schwere Kamerataschen nach. Sicher würde mir bei solcher Arbeit oft das Lachen vergehen, den Philippinen anscheinend nie! Und singen können sie! In Grytviken sangen uns Philippinen die schönsten Weihnachtslieder, und hier an Bord begeistern Mario Tingo und Nenita Damaso immer wieder mit großartigem Gesang und Gitarrenspiel. Carmelito Gio ist unser ganz besonderer Freund auf der Gangway. Wie oft hat er mir auf vier langen Reisen die sperrige und wirklich schwere Fotokiste sowie das große Stativ in das Zodiac gereicht und dabei immer gestrahlt – weil wir auch ständig miteinander rumgeflachst haben.

Gewiß, oben in der »Explorer Lounge« gibt es eine sehr gemütliche Bar mit köstlichen Drinks. Aber wir fühlen uns in der Crewmesse ganz besonders wohl. Pat

Auf Grönland gibt es Ortschaften, in denen mehr Hunde als Menschen zu Hause sind. Im Sommer sind die Hunde zwischen den Häusern angekettet und bekommen – da sie nicht arbeiten – nur an jedem dritten Tag Futter.

Zu den Kreuzfahrten der »Discoverer«-Reederei gehört jeweils ein Lektorenteam von Wissenschaftlern und Experten. Hier das Team in der Hudson Bay, von l. nach r.: Dr. Moreau S. Maxwell, Professor für Anthropologie, John Splettstoesser, Geologe, Angus Erskine, Ornithologe und Dr. Donald L. Pattie, Ornithologe. Das Gewehr trägt Don zum Schutz gegen Eisbären.

geht es ebenso, und auch den Offizieren. Gibt es eine Geburtstagsparty oder eine Abschiedsparty, weil ein Crewmitglied im nächsten Hafen nach Hause muß, dann werden wir eingeladen. Da ist immer Tanzmusik, und schon beim Hereinkommen drückt man uns eine Dose Bier in die Hand. Wir gehören langsam dazu. So ist das auch heute abend, mitten in der Davisstraße. Renate tanzt mit Sabino. Gio reicht mir ein neues Bier und meint:

»Ihr habt es gut, ihr reist immer zusammen und seid sehr glücklich!«

»Woraus schließt du das, Gio?«

»Das sehen wir doch, ihr lacht so viel zusammen mit uns. Andere Passagiere grüßen kaum, und manche sehen uns anscheinend gar nicht. Wir sind oft zehn Monate an Bord und sehen unsere Familien solange nicht. Aber wir machen diesen Job, weil er gutes Geld bringt.«

Nenita, sie putzt jeden Tag unsere Kabine, mischt sich in das Gespräch: »Ich habe drei Kinder in meiner Heimat, die werden jetzt von meiner Mutter betreut. Mein Mann arbeitet in einem Hotel. Nur so können wir das Geld für eine bessere Zukunft für unsere Kinder verdienen. Ich arbeite gerne auf diesem Schiff, aber ich habe auch großes Heimweh. Ich denke viel an meine Kinder, die mich so selten sehen.«

Nenita erzählt mir, daß sie 36 Jahre alt ist. Dabei sieht sie aus wie Anfang 20.

Sabino bringt Renate zurück und bedankt sich für den Tanz. Sabino arbeitet und spart; irgendwann möchte er zu Hause eine kleine Spedition aufmachen.

Je weiter der Abend voranschreitet, desto lauter wird die Tanzmusik aufgedreht. Auch Kapitän Hartmann läßt sich kurz in der Crewmesse sehen, trinkt ein Bier auf das Wohl aller und verschwindet wieder zu seinen Passagieren. Zwei Philippinen werden an der Theke laut und gehen aufeinander los. Eine ganz normale Situation unter Männern auf einem Schiff, wenn sie zehn Monate auf engstem Raum miteinander auskommen müssen. Sofort ist der stämmige Koch Ivo Wildhaber zwischen den Kampfhähnen. Auch Sabino stürzt sich in das Getümmel. Ivo und Sabino trennen die beiden angetrunkenen Seeleute, und Sabino versucht, den Zwischenfall uns gegenüber zu entschuldigen. Es sind einfach großartige Burschen, die hier einen großartigen Job machen.

Land in Sicht – Grönland. Es ist ein ruhiger Augustmorgen, das Thermometer zeigt 5° Celsius. Bleiern und unbewegt liegt das Meer um uns, dunkel und farblos auch die Wolken darüber. Grauer Seenebel liegt vor der grönländischen Küste, aber die schwarzen Zacken der Berge, mit Altschnee leicht besprenkelt, sind klar und scharf als Silhouette zu erkennen. Im Nebel dümpeln einige Eisberge; wie Gralsburgen, wie Kamelsättel, wie Dome sehen sie aus, gespenstisch, geheimnisvoll, sauber weiß. Auf ihnen sind Hunderte von Möwen zu Hause. An Steuerbord begleiten uns Buckelwale, sicher ein halbes Dutzend. Das Inlandeis dieser größten Insel der Welt läßt sich nur erahnen, denn der Himmel schimmert dort ein wenig heller. Im Süden leuchtet der Horizont, es scheint dort aufzuklaren.

Grönland könnte ein Land werden, das ich gerne habe. Immer mehr Möwen begrüßen unser kleines Schiff, von dem Heino oft liebevoll sagt: »Schau dir den Kahn an, sieht er nicht aus wie eine alte Hure, mit der man Mitleid haben muß?« Jetzt ist ein Leuchtfeuer an Land zu erkennen, aber nichts von einer Stadt, nichts von Häusern und Menschen. Die Eisberge vor der Hafeneinfahrt erinnern mich an die Antarktis. Dort sind solche Berge voll von Pinguinen. Hier sind es die Möwen, die in großen Scharen auf ihnen sitzen. Jetzt löst sich ein Fischkutter aus dem Nebel im Hafen und passiert uns an Backbord.

Es sind nur noch 300 Meter zur Pier. Jetzt erkennen wir einen Antennenmast, einen Öltank, die Umrisse von Lagerschuppen und bunte Holzhäuser. Kapitän Hartmann legt an, und die philippinischen Seeleute werfen die erste Leine. Rechts von uns liegt ein unbeschreiblich bunter Fischerhafen; die Farben wirken im Nieselregen besonders intensiv. Wir sind da. Die erste Stadt in Grönland heißt Frederikshaab. Gehen wir erst einmal gut frühstücken.

Grönland ist die größte Insel unserer Erde. Die rund 50000 Bewohner sind vorwiegend Eskimos, Dänen und andere Europäer oder in den meisten Fällen bereits Mischlinge aus den genannten Völkern. Sie nennen sich Grönländer. Hier leben nur noch wenige wirklich reinrassige Eskimos, vor allem im Norden, in Thule, und an der Ostküste. Ihre Zahl wird auf 500 geschätzt. Trotz der riesigen Fläche von über 2 Millionen km^2 ist der Lebensraum für Menschen und Tierwelt begrenzt. Dreiviertel der Insel sind von einer zusammenhängenden Eiskappe bedeckt. Nur an der Westküste bietet ein 10–20 km breiter, eisfreier Küstenstreifen Platz für Dauersiedlungen. Seit 1721 ist Grönland dänische Kolonie, seit 1953 ein gleichberechtigter Landesteil Dänemarks, und 1979 wurde Grönland nach einer Volksbefragung die Selbstverwaltung eingeräumt. Im Zweiten Weltkrieg hatte die Insel eine besondere strategische Bedeutung für den amerikanischen Luftkrieg. Amerika baute drei Basen, die alle noch in Betrieb sind und heute teilweise von zivilem Luftverkehr genutzt werden.

Die touristische Erschließung Grönlands steckt noch in den Anfängen, wird aber stark vorangetrieben. Das Hauptproblem sind dabei die Verkehrswege. Grönland ist ein Land völlig ohne Straßen außerhalb der Siedlungen. Die bis zur Küste vergletscherten Fjorde erlauben keinen Straßenbau. So lassen sich die einzelnen Orte und Siedlungen nur per Schiff oder mit Flugzeugen und Hubschraubern erreichen. Das macht eine Grönlandreise sehr teuer, dazu kommt die Abhängigkeit vom Wetter, das oft für Verspätungen und verpaßte Anschlüsse sorgt. In diesen Mängeln liegt aber auch ein ganz besonderer Reiz. Eine Grönlandreise schließt dadurch das echte Abenteuer automatisch mit ein, und außerdem gibt es »Natur pur«, soweit das Auge sieht. Ich gebe dem Aktivtourismus auf Grönland eine sehr gute Chance – die aufregende Schönheit dieser Insel muß nur richtig vermittelt werden. Die dänische Agentur »Arctic Adventure« mit Sitz in Kopenhagen bemüht sich sehr erfolgreich darum und wird Grönland bald so attraktiv machen wie es beispielsweise Island schon heute ist.

Unsere erste Station, Frederikshaab, empfängt uns mit einer richtigen Love-Story. Bunte Schiffe im Hafen, noch buntere Holzhäuser an den kahlen Felshängen und dazwischen unglaublich viele lachende Kinder. Schnell haben Pat und ich eine muntere Schar beisammen und bummeln gemeinsam zum kleinen Museum. Die Kinder, Mädchen und Jungen, fassen einfach unsere Hände und lassen sie nicht mehr los. Pat hat an jeder Hand ein Mädchen. Zwischen Renate und mir gehen drei Mädchen und zwei Jungen Hand in Hand. Wir fotografieren die Kinder auf einer bunten Blumenwiese vor dem Museum. Und was es hier für Blumenwiesen gibt! Löwenzahn, Vergißmeinnicht, Wollgras und vieles, vieles mehr. Erst nach Stunden gehen wir zum Schiff zurück. Die Kinder sind wieder dabei. Nur zwei kleine Mädchen fehlen. Vielleicht sind sie nach Hause gegangen. Nein, da kommen sie angelaufen. Jedes hat einen großen Strauß Vergißmeinnicht in den Händen. Die Kinder drücken uns die Blumensträuße auf der Pier in die Hand und bleiben vor der Gangway stehen. Rasch forsche ich bei meinen Quellen nach einer Handvoll Betthupferlschokolade. Ich bringe sie den strahlenden Mädchen. Dann legt der Kapitän ab. Wir stehen an der Reling und winken lange mit unserem Strauß. Die Kinder winken zurück. Mit einem sehr schlechten Gewissen werfen wir die Vergißmeinnicht schließlich über Bord. Ein schaukelndes Schiff ist kein guter Platz für Blumenvasen!

Vor unserem Bug schwimmt eine Schule Buckelwale; mindestens ein halbes Dutzend Tiere. Der Kapitän folgt ihnen, und wir stürzen mit unseren Kameras an Deck. Was für ein Schauspiel! Die bis zu 18 Meter langen Kolosse schwimmen mal an Backbord, dann wieder an Steuerbord. Deutlich können wir die gewaltigen Leiber im grauen Wasser sehen, und bevor sie abtauchen, ziehen sie für zwei oder drei Sekunden ihre breite Schwanzflosse aus dem Wasser, um sie dann langsam und majestätisch einzutauchen. Die Wale strapazieren die Nerven von uns Fotografen aufs äußerste. Wir vermuten sie 20 Meter entfernt und setzen ein Teleobjektiv ein. Prompt erscheinen sie unmittelbar neben der Schiffswand. Also die Normaloptik vor die Kamera und rüber nach Backbord. Dort müssen sie gleich auftauchen. Wir hören ihr markerschütterndes Brüllen und Schreien, in dem aber keine Todesangst klingt. Eher Stolz und Lebensfreude. Renate ruft:

»Komm zurück, sie sind wieder hier!«

Ich springe nach Steuerbord, jetzt sind sie aber so weit weg, daß ich wieder das Teleobjektiv brauche. So geht das fast eine volle Stunde lang. Wir kreisen mit den Tieren, und es sieht aus, als begännen die Wale mit dem Schiff zu spielen. Da stehen gleich zwei Schwanzflossen triefend und glänzend nebenein-

Ein Helikopter bringt uns in wenigen Minuten von Jakobshavn zum nahen Inlandeis. Hier fließt ein Gletscher mit einer drei Kilometer breiten Abbruchkante in den Fjord, der jährlich mehr Eisberge produziert als jeder andere Gletscher der Welt. Der Helikopter ist auf Grönland, wo es keine Straßen gibt, das ideale Verkehrsmittel.

Unser kleines rotes Schiff in der Arktis, von dem »Chief« Heino liebevoll sagt: »Schau dir den Kahn an, sieht er nicht aus wie eine alte Hure, mit der man Mitleid haben muß?« Ein schöneres Schiff gibt es für echte Weltenbummler nicht!

ander. Schei…, nein, das sagt man nicht. Schimpfen ist in so einer großen Stunde nicht angebracht.

Wale sind die größten Säugetiere der Erde. Der Blauwal, der größte von allen, wird bis zu 30 Meter lang und wiegt bis zu 100 Tonnen! Ursprünglich waren Wale vierfüßig, aber ihre Hinterbeine haben sich vollständig zurückgebildet. Die vorderen Flossen benutzen sie zum Gleiten und Steuern, die waagerechte Schwanzflosse stellt gewissermaßen die Antriebswelle dar. Alle Wale sind ausgezeichnete Schwimmer und Taucher; sie können eine halbe Stunde – und in Ausnahmen sogar länger – unter Wasser bleiben. Es ist nur schwer zu verstehen, daß diese Riesentiere in erster Linie Planktonfresser sind und zu den gutmütigsten Lebewesen der Welt gehören. Mit Tauchern spielen sie ganz unbedarft und haben anscheinend ihre Freude daran. Mit der Erfindung der Harpune, in der Mitte des 19. Jahrhunderts, begann die Waljagd. Ein Jahrhundert hat dem Menschen ausgereicht, um fast alle Blauwale zu töten. Auch die anderen Arten sind bis auf ein Minimum reduziert worden, und trotz weltweiter, verzweifelter Schutzmaßnahmen geht die Waljagd weiter. Isländer, Russen und Japaner scheren sich nicht um die internationalen Abmachungen und töten den Wal weiter. Bis es bald nur noch unsere Fotos geben wird. Auch Eskimos haben in der Arktis Wale gejagt, aber nur, um selber zu überleben. Ausrotten wollten sie sie ebensowenig wie die Indianer ihre Büffel. Tollkühn fuhren die Jäger des Nordens mit ihren Kajaks bis auf zehn Meter an die Tiere heran und warfen ihre kleinen Harpunen. Es wird sogar erzählt, daß besonders tapfere Eskimomänner den bereits harpunierten Walen auf den Rücken sprangen und das Tier mit dem Messer und Lanzenstichen endgültig erlegten. Bei diesem blutigen Handwerk baten sie den Wal um Verzeihung und beschworen die Geister, sich nicht zu rächen. Zur Eskimokultur gehörte schon immer eine große Ehrfurcht vor allen Lebewesen. Die Ausrottung der Wale geht alleine auf das Konto der profitgierigen »Zivilisation«.

Die Haut eines Wals nennt der Eskimo Matak, und Matak wird seit Jahrtausenden roh gegessen, denn im Matak sind alle Vitamine enthalten, die Menschen in den vegetationsarmen arktischen Breiten so dringend brauchen. Matak gehört seit Beginn der Thule-Kultur zu den großen Überlebensgeheimnissen dieses Naturvolkes.

Die Wale drehen ab, und wir nehmen Kurs auf Julianehaab. Für einen Moment bricht ein Sonnenstrahl durch die dunkle Wolkendecke und trifft einen türkisgrünen Eisberg, so groß wie ein mittelalterlicher Dom. Schon bin ich auf der Brücke neben Kapitän Hartmann und zeige auf den leuchtenden Berg. Er hat schon verstanden und weiß längst, daß Eisberge neben Eisbären meine Lieblinge in der Arktis sind.

»Starboard five!«

»Starboard five, Sir.«

Wir fahren direkt an den Eisdom heran und umrunden ihn zur Freude aller Fotografen an Bord. Im Sucher meiner Kamera funkelt und glänzt es nur so; blau, grün, weiß. Und alles ist so unwirklich sauber und hell. Genau das sind die Geschenke des Nordens – noch ist die wilde Natur hier sauber und unbefleckt. Werden wir unseren Enkeln diese Bilder mit der Bemerkung zeigen:

»So sauber war unsere Welt einmal!«? In der sibirischen Arktis gibt es schon heute kein sauberes Eis mehr.

Am Abend erreichen wir Julianehaab. In dieser hochsommerlichen Jahreszeit gleicht die Nacht nur einer Dämmerung. Also bummeln wir los. Julianehaab ist mit über 3000 Einwohnern die größte Stadt Südgrönlands, mit allen Verwaltungseinrichtungen, mit Schule und Krankenhaus, mit Einkaufszentrum und Telegrafenstation. Um den Naturhafen herum liegt die besonders malerische Altstadt mit dem einzigen Springbrunnen Grönlands. Um ihn herum liegen historische Häuser wie die 200 Jahre alte Kirche und ein schönes Fachwerkhaus, in dem die Böttcherwerkstatt untergebracht ist. Über dem Stadtkern an den Hängen große Blocks in Fertigbauweise – und die Diskothek.

Plötzlich ist der bunte, verträumte Ort voller Menschen. Unsere Passagiere drängen sich in kleinen Gruppen im Hafenviertel, die Crew aber marschiert zielstrebig und ortskundig in Richtung Disko. Eigentlich muß man nur der lautstarken Tanzmusik nachgehen. Auch wir landen dort und erkennen im total verqualmten Raum lauter bekannte Gesichter. Pat ist da und auch Heino; unsere Philippinen stehen bereits auf der Tanzfläche. Zum Tanzbeinschwingen ist es viel zu eng! Schnell ein Bier und dann raus aus dem Qualm und dem unerträglichen Krach. Wir sind Diskomuffel – oder zu alt. »Grufties« sagen unsere Söhne dazu.

Direkt vor der Hafeneinfahrt liegt ein gewaltiger Eisberg auf Grund. Ich stelle mir mein Bild vor; vorne der Eisberg, unmittelbar dahinter unser rotes Schiff und dann die vielen bunten Häuser von Julianehaab. Also habe ich bei Matt für 8 Uhr ein Zodiac geordert. Matt ist pünktlich, aber draußen liegt mein Motiv in dichtem Nebel. Pat hat Probleme, ins Zodiac zu steigen. »It's to early... The disco, you understand? Too much beer and too many girls.«

Er kommt trotzdem mit, und wir sehen, daß unser Bild auch im Nebel ganz reizvoll ist. Dann finde ich einen idealen Standpunkt für ein Gesamtpanorama und warte genau drei Stunden hinter Stativ und Kamera auf die Sonne. Ich erstehe nun mein Bild! Plötzlich ist die Sonne da, hat alle Nebel vertrieben und die farbenprächtige Stadt in ihr warmes Licht getaucht. Strahlendes Wetter, die Sonne läßt Schneefelder und Gletscher und Eisberge leuchten.

Unser Anker fällt vor der winzigen Siedlung Lichtenau. Dort gibt es ein Kuriosum zu sehen: Im Jahr 1959 startete das neue dänische Passagierschiff »Hans Hedtoft« zu seiner Jungfernfahrt. Es galt als modern und unsinkbar. Vor dem Kap Farvel kollidierte die »Hans Hedtoft« mit einem Eisberg und sank in wenigen Minuten mit 95 Passagieren. Alles, was man von dem stolzen Schiff fand, war ein bescheidener Rettungsring, der bei Lichtenau an den Strand gespült wurde und heute in der Kirche des Ortes an diese größte Schiffskatastrophe der grönländischen Neuzeit erinnert. Wir müssen diesen Rettungsring und die kleine Missionsstation von Lichtenau nicht unbedingt sehen und peilen den nächsten größeren Eisberg an. Smaragdgrün funkelt er in der Nachmittagssonne, etwa zwei Meilen von unserem Ankerplatz entfernt.

»Was meinst du, Heino, ist das Wasser zu rauh, oder schaffen wir es?«

»Wir werden es probieren. Kommt Pat auch mit?«

Pats Schädel geht es wieder besser, sein Fotografeninstinkt hat über den Diskokater gesiegt. Er springt mit uns ins Boot, schon heult der Motor auf, und erstes Spritzwasser schießt in unsere Gesichter. Salz und Wind gehören nun einmal zu einer Zodiacfahrt.

Nach etwa 20 Minuten sind wir am Ziel. Wie ein kirchturmhohes Segel steigt die Eiswand aus dem Meer. Der gewaltige, von Sonne und Wasser blankpolierte Eisklotz ist unter Wasser mit dem nächsten Eisberg verbunden. Aus der Ferne glaubten wir, zwei Eisberge vor uns zu haben.

Vielleicht handelt es sich einfach um einen umgekippten Torbogen. Zwischen den beiden Türmen leuchtet das Wasser so grün wie über einem Korallenriff. Nie zuvor haben wir so ein phantastisches Farbenspiel erlebt.

»Ob wir da reinfahren können?«

»Ich versuche es. Macht für mich auch Bilder, das ist ja toll hier. Aber ich muß auf den Motor aufpassen: Wenn die Schraube auf das Bodeneis schlägt, ist der Propeller hin. Und wehe, wenn etwas da oben runterfällt, dann nichts wie weg. Wenn ich rufe, laßt eure Kameras fallen und haltet euch fest, dann muß ich Gas geben!«

Es tropft und funkelt grün, blau und weiß. Nie zuvor waren wir so dicht an einem so großen Eisberg. Nur kippen darf er nicht, jetzt nicht! Pat hat gerade einen Film gewechselt und schießt schon wieder. Jetzt bin ich dran, Renate nimmt den belichteten Film und reicht mir einen neuen. Vier Farbfilme kostet mich dieser Eisberg. Wir alle halten dabei den Atem an und wissen, schönere Eisbergbilder kann es gar nicht geben. Wir sind glücklich, einfach glücklich. Die tatsächliche Gefahr wird in solchen Momenten ebenso verdrängt wie Vernunft und Logik. Warum sollte er auch gerade jetzt zusammenbrechen? Erst in sicherem Abstand schalten wir den Motor aus und genießen das einzigartige Schauspiel ganz ohne Fotohektik. Etwa 10 Meilen entfernt leuchtet ein noch größerer Eisberg in der Abendsonne; im Glas erkennen wir ein richtiges Eistor, sicher 50 Meter hoch.

»Das wär's! Ist aber zu weit, oder?«

Heino nimmt mein Glas und schaut zu dem nächsten Eiswunder hinüber:

»Das schaffen wir nicht. Bei der Dünung sind wir eine Stunde unterwegs und haben keinen trockenen Faden mehr am Leib, wenn wir dort ankommen. Wir müßten auch der Brücke Bescheid geben,

Unser Scoutboot erkundet mit dem Geologen John Splettstoesser an Bord die Eisformationen vor Frederiksdal, um eine sichere Fahrtroute für die Passagiere zu finden. Sabino ist der mutige Zodiac-Kapitän.

Wie leuchtender Türkisschmuck liegt Treibeis im Fjord unter uns. Das Bild entstand aus dem offenen Helikopterfenster auf dem Weg von Jakobshavn zum Inlandeis. Dieser Eisfjord zwischen Gletscher und Diskobucht gehört zu den ganz großen Naturwundern der Erde.

wo wir uns rumtreiben. Für so weite Fahrten über offenes Meer bekommen wir kein o.k. vom Käpt'n, auch ich nicht!«

Also zurück zur Basis. Die Passagiere sind noch in Lichtenau.

Ich erzähle Kapitän Hartmann von unserer Entdeckung, die wir von der Brücke aus nicht sehen können. Der Kapitän prüft die Seekarte und meint:

»Wir können hinfahren, aber besprecht das mit dem Expeditionsleiter. Mein grundsätzliches o.k. habt ihr.«

Matt kommt mit dem ersten Zodiac von Lichtenau zurück, und ich schwärme ihm von dem Eistor die Ohren voll. Matt kennt mich vom Amazonas und grinst:

»O.k., wir werden so dicht wie möglich ranfahren und dann die Zodiacs noch einmal aussetzen.«

Kaum ist der Anker hoch, meldet sich Matt über den Bordlautsprecher:

»Wir steuern den schönsten Eisberg unserer Reise an und werden in etwa 30 Minuten noch einmal ankern. Wer zum Eistor möchte, muß sich warm und möglichst wasserdicht anziehen. Die Zodiacfahrt wird stürmisch und naß!«

Diese Ansage bewirkt, daß nur zwei Zodiacs mit Passagieren rausfahren. Unser »wildes Fotografenboot« stürmt voraus. Naß sind wir sowieso schon. Dieter Werner, der »Erste«, hat das gewaltige Eistor grob vermessen. Etwa 48 Meter, meint er. Das ist vielleicht ein Ding! Vor dem gewaltigen Tor stockt uns fast der Atem. Bis zum Himmel ragen die glatten Wände. Heino hat den Motor gedrosselt, langsam gleiten wir dichter und dichter an die Durchfahrt. Unter dem Tor regnet es wie aus einer Dusche, so stark brennt die Sonne auf den zerbrechlichen Bogen hoch über uns.

»Haltet euch fest, ich fahre durch!«

Das darf nicht wahr sein! Der »Chief« gibt Gas, und wir schießen durch das Tor. Jetzt sind wir auf der Sonnenseite und haben genau im Torbogen unsere »Society Explorer«. Gut, daß wir beide mit Motorkameras arbeiten, Pat mit seiner Nikon und ich mit der Rolleiflex. Renate verteilt neue Filme und trocknet Objektive. Erst jetzt entdecken wir eine beängstigende Kerbe im Bogen, 48 Meter über uns. Lange hält das Tor nicht mehr. Schon ist der Kapitän im Walkie-talkie, und wir bekommen einen richtigen Rüffel. O.k., haben wir auch verdient. Kapitän Hartmann hat unseren »jugendlichen Leichtsinn« genau im Glas beobachtet. Wir entschuldigen uns, und ich verspreche dem Kapitän einige gute Bilder. Die anderen Passagiere schwärmen: »Wir haben euch im Eistor fotografiert. Das zeigt erst die richtige Dimension. Es war stark, einfach stark.«

Und Pat strahlt noch am Abend beim Rotwein:

»Du, ich bin viel in der Weltgeschichte rumgereist, aber das heute, das war einer der größten Tage in meinem Leben, ganz bestimmt.«

Von Knud Rasmussen, dem großen Arktisforscher aus Grönland, stammt der berühmte und so viel zitierte Satz:

»Gebt mir Winter, gebt mir Hunde. Und alles andere könnt ihr behalten.«

Ich möchte dieses Wort für einen begeisterten Fotografen so abwandeln:

»Gebt mir Eis – gebt mir Licht. Und alles andere könnt ihr behalten.«

Den ganzen nächsten Tag durchfahren wir den Prince-Christian-Sund von West nach Ost und noch einmal von Ost nach West. Das ist eine Abkürzung nördlich vom berüchtigten Cap Farvel und sicher eine der großartigsten Fjordlandschaften Grönlands. Senkrechte Felswände steigen auf beiden Seiten des Schiffes viele hundert Meter in den wolkenlosen Himmel. Wasserfälle donnern zu uns herunter. Dann hängen wieder Gletscher an den Bergen und kalben ihre Eisberge in den Sund. Wir sehen sonnige Gipfel und zackige Grate, grüne Almen und gefährliche Eisbrüche. Wildeste Natur pur. Am Ende des Sunds blockieren große Treibeisfelder und Eisberge die Weiterfahrt. Bis zum Abend trübt nicht die kleinste Wolke dieses einzigartige Naturwunder Grönlands, das man ohne »Society Explorer« einfach nicht besuchen kann. Die Grönländer in Julianehaab besitzen keine Schiffe, die groß genug sind, um mit einer Besuchergruppe hierher zu fahren. Und das grönländische Passagierschiff »Disko« befährt nur die Westküste. Also liegt dieses Naturwunder Prince-Christian-Sund auch weit hinter dem Horizont. Auf der Rückfahrt ankern wir mitten im Prince-Christian-Sund, und unser guter Pierre zaubert erneut ein Barbecue auf das Pooldeck. Nicht nur in den Tropen schmeckt es gut im Freien, das geht auch am Polarkreis!

Schließlich steuert der Kapitän den internationalen Flughafen Narssarssuaq an. Narssarsuaq, die »große Sandebene«, bot den Amerikanern im Zweiten Weltkrieg einen idealen Vorposten zwischen den USA und Europa. Von hier aus starteten die bombenschweren Maschinen der US-Airforce zu den Schlachtfeldern in Deutschland und zur U-Boot-Jagd im Nordatlantik. Heute gibt es in Narssarssuaq nur den internationalen Flughafen, ein Hotel und die kleine Hafenmole, der wir uns an diesem strahlendblauen Morgen nähern. Da liegt die ebenfalls leuchtend rote »Disko« aus Dänemark, die Sommer für Sommer mit 200 Passagieren an Bord die grönländische Westküste hoch und runter fährt und jeden kleinen Ort besucht und versorgt. Die »Disko« ist kleiner als die »Society Explorer«, nur 2000 BRT. Kapitän Olaf Hartmann legt sein Schiff genau gegenüber der »Disko« an die Pier.

Endstation! Wir gehen von Bord. Neue Passagiere werden in wenigen Stunden in Narssarssuaq landen und die Reise nach Kanada antreten.

Interessanter und geschichtsträchtiger als Narssarssuaq ist die gegenüberliegende Seite der Bucht. Dort liegt die kleine Siedlung Brattahlid. Wir fahren mit einem gecharterten Boot hinüber und laufen 20 Minuten lang zu einem kleinen Ruinenfeld. Auf saftig-grünen Wiesen sind die Fundamente und Mauerreste eines Hofes zu erkennen. Die Sonne scheint so warm, daß wir unsere Parkas ausziehen können. Um uns nur grünes Wiesenland mit unzähligen weißen Wollgrasköpfchen und gelben Butterblumen. Nur die vielen kleinen Eisberge im blauen Fjord erinnern an die Arktis. Es sieht aus, als wenn da unten eine Segelregatta stattfände. Wahrlich, ein grünes, fruchtbares Land.

Wir befinden uns auf dem ehemaligen Hof des ersten Wikingers, der hier auf Grönland siedelte.

»Erich der Rote«, ein hünenhafter Bauer und Kämpfer mit brandrotem Schopf und Bart war der Mann, der im Jahre 982 nach seiner Verbannung auf Island hierher segelte und die Insel Grönland gleich »Grünes Land« nannte. Mit diesem Namen wollte er für die Insel werben und weitere Siedler aus Island und Norwegen anlocken. Und sie kamen auch in Scharen in das grüne Land. Drei Jahrhunderte nach dieser Landnahme gab es an der grönländischen Westküste etwa 300 einzelne Wikingerhöfe. Um 1500 verschwinden die letzten Spuren dieser Siedlungsgeschichte. Niemand weiß bis heute, warum die Wikinger Grönland aufgegeben haben und wo sie geblieben sind. Kam es zu einem Krieg von Wikingern gegen Eskimos, und blieben die Eskimos die alleinigen Sieger? Hat eine Seuche die durch Inzucht geschwächten Siedler aus Europa hinweggerafft?

Diese Fragen liegen heute ebenso im dunkeln wie die Herkunft der Eskimos auch. Wir sitzen Stunden in der warmen Sonne mitten in den bunten Blumenwiesen von Brattahlid und sind in Gedanken weit weg, bei den rätselhaften Fragen der Vergangenheit.

Grönland hat noch viele Geheimnisse, und wir beschließen, noch einige Tage zu bleiben. Im Arctic-Hotel gleich neben dem Flugplatz treffen wir unseren Freund Eckart Pott aus Stuttgart wieder, der als Lektor mit den neuen Passagieren an Bord geht.

»Grüß alle von uns, der Abschied war so hektisch.«

Pat fliegt noch heute über Keflavik in die USA. Für zwei Wochen. Wir werden uns auf der Frankfurter Buchmesse treffen, auch Eckart wird dort sein. Es gibt Plätze auf unserer Erde, da treffen sich Freunde aus aller Welt immer wieder, ohne eigentlich verabredet zu sein. Die Buchmesse ist ein solcher Platz.

Von Narssarssuaq fliegen wir über Grönlands Hauptstadt Nuuk oder Godthaab nach Jakobshavn, um das vielleicht größte Naturwunder dieser Inseln, den Eisfjord, zu besuchen.

Der Eisfjord zieht sich von der malerischen Stadt Jakobshavn 50 Kilometer weit nach Osten bis zum Inlandeis. Hier drückt ein Gletscher über eine Abbruchkante von 7000 Metern Breite und 1000 Metern Höhe seine Eismassen täglich bis zu 30 Meter weit in den Fjord. Der Gletscher produziert dabei mehr Eisberge als alle anderen Gletscher der Welt. Jeder dritte Eisberg im Nordatlantik kommt hierher. Und diese Eisberge, oft so groß wie ein Fußballstadion, schwimmen nach Jakobshavn. Dort stranden sie auf einer Sandbank und blockieren die Ausfahrt vom Fjord in die Diskobucht. Immer neue Eismassen drükken und schieben. Es donnert und kracht, Türme brechen zusammen, hausgroße

Der Eisfjord, nur 30 Minuten zu Fuß von Jakobshavn entfernt, gehört zu den eindrucksvollsten Landschaftsbildern Grönlands. Riesige Eisberge sind hier gestrandet und blockieren die Einfahrt in den etwa 50 km langen Fjord. Das Bild entstand am Abend unmittelbar nach dem Sonnenuntergang. Die absolute Windstille schenkt uns die saubere Spiegelung der Eiswüste im kalten, klaren Wasser.

Eisberge drehen sich im Wasser um, und die Sonne läßt dieses Eischaos funkeln und leuchten, daß jeder Besucher nur still und überwältigt dasteht. Von der Stadt, in der es mehr Hunde als Menschen gibt, läuft man nur eine halbe Stunde zum Fjord und sieht dieses Wunder aus Licht, Eis, Wasser und Himmel von einem sicheren Logenplatz aus der allerersten Reihe. Am schönsten ist das Farbenspiel am Abend, beim Sonnenuntergang und eine halbe Stunde danach, wenn sich der Himmel purpur färbt und die Kälte kommt.

Das ist Arktis pur – und wir beginnen den Wunsch des Menschen zu begreifen, seinen Fuß in diese unberührte Wildnis zu setzen.

Im Jahre 1888 landete der Norweger Fridtjof Nansen mit seinem Schiff »Jason« an der grönländischen Ostküste und überquerte als erster Forscher das fast 3000 Meter hohe Inlandeis bis hinüber nach Godthaab. Nach drei Monaten und Temperaturen bis minus 45 Grad erreichte Nansen mit seinen Männern die Westküste. 1893 versuchte Fridtjof Nansen, den Nordpol zu erreichen. Mit Hunden, Schlitten und Kajaks gelangte er mit seinem Landsmann Hjalmar Johannsen bis auf 380 Kilometer an den Pol. Die Männer mußten aufgeben und umkehren. 16 Jahre später, 1909, erreichte der Amerikaner Peary in Begleitung eines Eskimos von Kanada aus den Nordpol. Nansen verließ nach dem Ersten Weltkrieg seine geliebte Eiswelt in der Polarregion und widmete sich ganz den Gefangenenlagern in Sibirien. Er organisierte Hilfsaktionen für deutsche und österreichische Kriegsgefangene und »erfand« den Nansenpaß für staatenlose, politische Flüchtlinge. Dieser Paß gab den Betroffenen einen neuen völkerrechtlichen Status. 1922 wurde dem großen Arktisforscher Fridtjof Nansen der Friedensnobelpreis verliehen.

Zu den großen Männern der Arktis gehört auch der Grönländer Knud Rasmussen, dessen Geburtshaus hier in Jakobshavn steht. Rasmussen, ein Halbblut-Eskimo, erforschte wie kein anderer die Kultur, Sprache, Mythologie und Lebensform der Eskimos in der gesamten arktischen Welt. Jahrelang lebte Knud Rasmussen mit den Eskimos in Nord-West-Grönland zusammen und errichtete die Station Thule. So nannten die Griechen das Land am äußersten Rand der Erde. Für die Thule-Eskimos gründete er erste Schulen und ein kleines Krankenhaus.

Auf seiner berühmten fünften Thule-Expedition legte Knud Rasmussen über 6000 Kilometer (!) mit seinem Hundeschlitten zurück und erreichte von Thule aus die Beringstraße in Alaska.

Die Arktisforschung geht bis in unsere Tage weiter. Hundeschlitten werden durch Helikopter ersetzt. Und während die Eskimokultur stirbt, wird die weiße Wildnis von einem Netz militärischer und wissenschaftlicher Stationen überzogen. Platz für das ganz große Abenteuer gibt es aber trotzdem noch. Arved Fuchs hat 1989 als erster Mensch der Welt zu Fuß den Nord- und den Südpol in einem Jahr erreicht!

Ja, wir haben uns in diesen wenigen Wochen auch in die Arktis verliebt, und wir werden wiederkommen, sehr bald schon.

Zwei volle Stunden lang warten wir auf dem kleinen Flugfeld von Jakobshavn auf unseren Abflug nach Søndre Strømfjord. Dichter Nebel, wir können nicht starten. Endlich klart der Himmel etwas auf. Die Motoren heulen, und wir fliegen schon nach einer Meile aus dem Dunst. Unter uns liegen die Eisberge des Fjords bereits in der Sonne. Werden wir in Søndre Strømfjord den Anschluß nach Kopenhagen bekommen, wird die große Boeing der SAS auf unser kleines Propellerflugzeug warten? Wir sind im Anflug auf die amerikanische Airbase, da hebt der Riesenvogel von der SAS gerade ab.

»Sie müssen bis übermorgen warten, denn morgen fliegt niemand zum Festland. Und bleiben Sie im Flughafen, die US-Airbase ist für jeden Besucher gesperrt!«

Das ist kein schöner Abschied von einer großen Reise. Fast zwei Tage als Gefangene in einem Flughafengebäude, zu dem ein recht nüchternes und teures Hotel gehört. Wir wollen uns mit diesem Schicksal nicht abfinden und fragen uns, warum eine US-Airbase bei der derzeitigen amerikanisch-russischen Gutwetterlage Sperrgebiet sein sollte. Nein, in der Arktis lassen wir uns nicht einsperren. In der Antarktis, zwischen den unzähligen Inseln Indonesiens, im unendlich großen Amazonasbecken und auch hier im weiten Norden haben wir uns immer frei bewegen können und überall den Ruf der Wildnis gespürt. Die Freiheit in einer fast grenzenlosen Natur dominierte bei allen Zielen dieser Kreuzfahrten – und die Erkenntnis, wie zerbrechlich diese Freiheit der Natur durch unsere Zivilisation geworden ist. Eine zweitägige Gefangenschaft wäre nicht der richtige Abschluß.

Wir brechen auf; die Kamera im Rucksack, laufen wir einfach hinaus in die Sonne. Schon hält ein Jeep. US-Militärpolizei.

»Hey, wo wollt ihr hin?«

»Irgendwo in die Wildnis, vielleicht da drüben auf die andere Seite der Airbase. Wandern und fotografieren!«

»O.k., kommt rein, wir fahren euch da hin. Aber seid vorsichtig, da gibt es viele Moschusochsen. Geht ihnen aus dem Weg, laßt euch nicht angreifen!«

Das ist eine Überraschung! Die amerikanischen Militärs sehen das Verbot, das uns hier auf vielen Schildern begegnet, nicht so eng oder gar nicht. Der Jeep fährt über das Rollfeld und überquert einen reißenden Gletscherfluß auf einer Brücke. Dann geht es einige Meilen weit einen steilen Hang hinauf. Die Airbase liegt bereits weit hinter uns unten im Tal.

»Halt, bitte. Es ist genug. Wir wollen nicht fahren, sondern laufen.«

»O.k., good luck, and be careful!«

Wir sind noch keine 20 Minuten gelaufen, da stehen sie vor uns: Moschusochsen, die Urtiere der Arktis. Sie sind die größten pflanzenfressenden Säuger der Tundra und erinnern durchaus an die Yaks auf dem »Dach der Welt«. Sie sind kleiner als Kühe. Die Bullen erreichen eine Widerristhöhe bis zu 1,50 Meter und wiegen über 300 Kilogramm. Moschusochsen finden wir heute nur noch in der arktischen Tundra Kanadas und in Nordgrönland. Hier bei Søndre Strømfjord leben anscheinend besonders viele. Dreimal sind wir von der Airbase in die Berge gelaufen oder gefahren, und immer treffen wir sie, Einzeltiere und kleine Gruppen. Sie lassen uns bis auf zehn Schritte herankommen, dann ergreifen sie die Flucht und laufen in wildem Galopp davon. Dabei könnten sie uns leicht umrennen und mit ihren spitzen Hörnern schwer verletzen oder gar töten. Die Begegnung mit den Moschusochsen wird zu einem letzten großen Erlebnis in der Wildnis Arktis.

Die Boeing ist wiedergekommen und steht startklar auf der US-Airbase. Wir überfliegen das Inlandeis mit dem Ziel Kopenhagen. Ich drücke Augen und Nase dicht an die Scheibe. Blendendes Weiß, soweit das Auge reicht, nur wenige Spalten, dann einzelne Inselberge, sogenannte Nunataks. Jetzt plötzlich Berge und unheimliche Gletscherbrüche dazwischen, die in den packeisvollen Atlantik stürzen. Grönland liegt hinter uns; unter uns das blaue Meer mit Tausenden von weißen Eisbergen. Irgendwo in diesem Meer schwimmt unser kleines rotes Schiff, aber sicher schon weit hinter dem Horizont.

Renate liest mir die Worte, die Fridtjof Nansen am Grab von Roald Amundsen sprach, vor:

»Hast du das große Schweigen erlebt, hast du gewagt, das Unbekannte aufzusuchen, unbekannte Wege begangen, die weißen Flecken der Karte gekreuzt, hast du entbehrt, gedürstet, geliebt, bist du aufgegangen in der Größe des Alls?

Hast du Gott in seiner unendlichen Größe gesehen, den Text gehört, den die Natur dir predigt?

Dann lausche auf die Weite, sie ruft dich zurück!«